중국에서 살아남기

조 봉 심 지음

지구문화사
JIGU PUBLISHING Co.

이 책을 내면서

요즈음 한국 기업들에게 있어서 가장 중요한 화두는 바로 "중국"이다. 비좁은 한국 시장을 벗어나 거대한 시장, 중국으로의 진출은 모든 기업의 꿈이자 소망이다.

한국의 가장 가까운 이웃 나라, 그리고 지구상에서 시장 잠재력이 가장 큰 나라 중국, 중국은 분명 너무도 큰 유혹의 땅이며 기회의 땅이기 때문이다.

1992년 한중 수교 이후, 지금까지 중국에 진출한 한국 기업들은 수없이 많다. 하지만 그중에서 성공을 거둔 기업은 그리 많지 않다. 그 이유는 중국시장에 진출한 수많은 기업들 중, 중국시장의 특성을 제대로 이해한 기업이 많지 않기 때문이다.

중국은 13억의 인구와 한국 국토의 100배에 달하는 거대한 국토를 보유하고 있는 나라다. 세계와 담을 쌓았던 죽의 장막을 걷어 낸 후 지난 20여년 동안, 중국의 경제는 세계가 놀랄만한 속도로 성장하고 있다. 하지만, 일부 지역의 경제성장을 기반으로 하는 중국의 경제발전계획의 여파로 인하여, 지역 간의 경제 발전 편차가 심각하다. 또한 56개 민족을 보유하고 있는 다민족 국가인 만큼, 지역 간의 제도적 그리고 문화적 차이 역시 크다.

따라서 중국에서 사업을 하는 사람은, 이런 지역 간의 특성과 차이점을 충분히 이해하고 인지해야만 실패를 면할 수가 있다.

필자는 1994년부터 현재까지 오랜 시간을 중국에서 거주하며 한국 기업들을 위해 일을 해왔다. 그동안 필자가 보아온 많은 한국 기업들은, 중국에 진출 시, 투자 조건과 법적 절차 그리고 회계법 등 법률 관련 문제에 대해서는 많은 관심을 기울이지만, 정작 이익 창출에 관련된 영업 및 마케팅에 필요한 정보 수집에 대해서는 특별한 신경을 쓰지 않는 경향이 있었다.

수많은 기업들이, 막연히 공장을 설립하고 제품이 생산되면 "어떻게든 팔리겠지" 하는 희망을 갖고 중국에 진출하였으며, 이런 묻지마 투자로 인한 공장 설립은 그 자체가 실패의 씨앗이 되었다.

따라서, 중국에 진출하고자 하는 기업들은 법적인 절차와 제도뿐 아니라, 중국 시장에서의 영업 및 마케팅에 필요한 객관적인 자료들을 수집하는 데 있어서 좀 더 많은 주의를 기울여야 한다. 그리고 수집된 자료들을 근거로 충분한 사전 검토를 한 후에 투자를 결정하는 것이 실패를 면할 수 있는 가장 좋은 방법이다.

중국의 13억 인구는 매우 넓은 분포도로 흩어져 있으며, 그중 자사 제품의 잠재 고객들은 더더욱 넓은 분포도로 흩어져 있다. 이는 작은 국토 안에서 고객의 밀집도가 매우 큰 조건 하에서 사업을 하던 한국인들에게는 감당하기 힘든 난관이라고 할 수 있다.

중국은 지역에 따른 구매력이 몇 배에서 수십 배까지 차이가 난다. 그러므로 판매를 이루어 내려면 한국에서의 영업 마케팅 방법과는 상당히 다른 시각과 생각으로 접근해야 한다.

영업과 마케팅에 있어 정답이란 있을 수 없다고 생각한다. 시장의 환경은 시시각각 변하고 달라지는 것이므로, 오늘의 정답이 내일의 오답이 될 수 있기 때문이다. 특히나 중국과 같이 급변하고 있는 시장에서는 더욱 더 그러하다. 하지만 어떤 일에도 기본이 있듯이 중국 영업과 마케팅에 있어서도 기본적으로 알고 있어야 하는 상식이 있다.

필자는 오랜 시간 현장에서 발로 뛰며 겪었던 경험을 바탕으로, 중국 영업 및 마케팅에 있어 가장 기본이 되는, 그리고 반드시 고려되어야 하는 사항들에 대해 설명하고, 그 의미와 중요성을 상기시키고자 한다.

모쪼록 이 책이 중국에 진출하고자 하는, 또는 이미 중국에 진출한 기업들의 시간적 경제적 손실을 막는 데 조금이나마 도움을 줄 수 있기를 바라며, 모든 기업들의 중국 시장에서 성공하길 기원한다.

끝으로, 독자들이 중국 현지에 도착하였을 때, 중국에서 사용하고 있는 간자체로 인해 느끼는 어려움에 대해 조금이나마 도움을 주고자, 이 책에 기재된 모든 한자는 현재 중국에서 사용되고 있는 간자체를 사용하였음을 밝힌다.

2008년 1월

조 봉 심

차 례

제 1 장 중국 시장의 개황

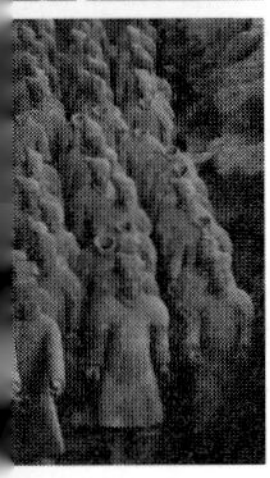

제 2 장 중국의 지역별 시장 상황

차 례

제1장 중국 시장의 개황

영업 및 마케팅의 기본은 시장과 고객에 대한 파악이다. '지피지기면 백전백승' 이라는 옛말이 있듯이 내가 사업을 하고자 하는 시장의 시장 상황과 고객의 성향을 정확하게 파악하고 있어야만 원하는 고객에게 원하는 제품을 판매할 수 있다.

시장 상황과 고객 성향을 무시하고 자신이 가지고 있는 기준에 의거하여 현실에 맞지 않는 영업 및 마케팅을 한다면 아무리 선진적이고 세련된 전략이라고 할지라도 성공할 수 없기 때문이다.

따라서 중국에서 영업 및 마케팅을 하기 위해서는 우선 중국과 중국인들에 대한 기본적인 지식들을 알고 있어야 한다. 중국의 지리, 문화, 언어, 기후, 지역별 인구 수, 시장 발전 역사, 지역별 경제 상황과 시장의 크기, 뜨는 시장과 지는 시장 등, 중국 비즈니스를 수행함에 있어서 절대적으로 필요한 사항들에 대해 대략적으로나마 파악하고 있어야만 합당한 영업 및 마케팅 전략을 수립할 수 있다.

사실 중국의 내수시장 공략을 목적으로 중국에 진출할 경우에는 투자가 이루어지기 전 단계부터 중국 시장에 대한 충분한 시장 조사와 함께 철저한 검토가 이루어지는 것이 바람직하다. 공장 설립 지역의 선택부터 마케팅 전략에 이르기까지 중국의 시장 상황에 부합하는 포괄적인 사업 계획을 수립한 후 투자가 이루어지는 것이 성공 확률을 높일 수 있기 때문이다.

하지만 중국 시장에 진출한 한국 기업들 중에는 중국의 내수 시장 공략에 있어서 매우 불리한 지역에 공장을 설립하거나, 경제가 낙후된 농촌지역들을 위주로 사업을 하는 등 성공과 거리가 먼 행동을 하는 기업들이 상당수 있다.

이는 곧 투자가 이루어지기 전과 사업을 진행하는 중에도 중국시장에 대한 충분한 검토가 이루어지지 않았다는 것을 반증한다고 할 수 있다.

한국에서 사업을 하는 한국 사람이라면 지도를 펼쳤을 때 한국 전역의 시장 상황이 한눈에 들어올 것이다. 인구가 가장 많고, 잘 사는 도시이자 제일 큰 시장은 서울이며 서울의 매출액이 전국 매출에서 차지하는 비율이 대략 어느 정도가 되는지, 그리고 그 다음은 어느 도시이며, 현재 상황을 고려할 때 어느 곳에서 사업을 시작하는 것이 가장 이상적인지 등의 기본적인 사항들을 어렵지 않게 파악할 수 있을 것이다.

그러므로 적어도 한국에서 사업을 하는 한국 사람이 강원도의 깊숙한 산골 지역을 사업의 전초 기지로 삼거나 구매력이 매우 작은 소도시 위주로 사업을 하는 어리석은 우를 범할 수 있는 확률은 크지 않다. 하지만 중국으로 진출하는 한국 기업들은 이런 어리석은 우를 종종 범하곤 한다. 그것은 바로 중국의 시장 상황에 대한 이해가 거의 없는 상태에서 중국사업을 시작하고 또 진행하기 때문이다.

중국의 국토 면적은 한국의 100배 가까이 되고, 다민족 국가이며, 기본적인 체제도 다르다. 이는 그만큼 중국의 시장 환경이 한국과 다르고 복잡하다는 것을 의미한다. 따라서 중국시장을 공략하기 위해서는 우선적으로 시장 공략에 필요한 최소한의 기본 지식을 습득하는 것이 중요하다.

만약 중국에 대한 기본적인 이해도 없이 중국 시장에 진출한다면 '장님 코끼리 다리 더듬는 식'의 사업을 시작할 수밖에 없을 것이고, 그것은 곧 실패를 의미하기 때문이다.

실제로 현재 중국에서 사업을 하고 있는 상당수 한국기업들은 시장의 전체적인 상황을 이해하지 못해서 이렇게 '장님 코끼리 다리 더듬는 식'의 사업을 하고 있다. 필자는 이것이 바로 중국에 진출한 한국 기업들이 중국 시장에서 성공하지 못하는 주요 요인 중 하나라고 본다.

이 책의 첫 장에서는 중국시장에 대한 이해를 돕고 영업 및 마케팅 등 중국 비즈니스를 수행함에 있어서 기본 지식이 되는 몇 가지 사항들에 대해 간략하게 소개하고자 한다.

1. 중국의 자연환경

(1) 중국의 국토현황

중국은 아시아의 동쪽, 태평양의 서안(西岸)에 위치하고 있으며 동쪽으로는 발해(渤海)와 황해(黄海), 그리고 동해(东海)와 인접해 있고, 동남쪽으로는 남해(南海)와 인접해 있으며, 대만(台湾)의 동쪽으로는 태평양과 인접해 있다.

중국의 국토 면적은 960만km²로서 아시아 전체 면적의 4분의 1에 해당한다. 그러므로 중국은 러시아와 캐나다에 이어서 세계에서 세 번째로 큰 국토를 보유하고 있는 나라이다. 참고로 한국(남한)의 국토 면적은 99,373km² 로 중국의 약 1/100의 크기에 해당한다.

중국 영토의 최북단은 흑룡강성(黑龙江省) 막하(漠河) 이북의 흑룡강 주도의 중심선상에 있고, 최남단은 남해 남사군도(南沙群岛)의 증모암사(曾母暗沙)에 위치하고 있으며, 남북 양단 간의 직선거리는 5,500km에 이른다. 최동단은 흑룡강과 우수리강(乌苏里江)의 주요지류가 만나는 지점이며, 그리고 최서단은 신강성(新疆省) 서부의 파미르고원(帕米尔高原)으로 동서양단의 직선거리는 5,200km이다.

중국 내륙은 총 22,800km에 걸쳐서 15개 국가와 국경을 접하고 있으며, 그 나라들은 동남서북 방향 순으로 다음과 같다.

북한, 베트남, 라오스, 미얀마, 부탄, 시킴, 네팔, 인도, 파키스탄, 아프가니스탄, 다지크스탄, 키르키스스탄, 카자흐스탄, 몽고, 러시아 등이다. 또한 중국과 바다를 사이에 두고 인접한 국가는 북에서 남쪽 방향 순으로 한국, 일본, 필리핀, 말레이시아, 브루나이, 인도네시아 등 6개 국가이다.

(2) 중국의 지형

중국의 지형은 다음과 같은 두 가지 특징을 갖고 있다.

첫째, 서고동저(西高东低 : 서쪽이 높고 동쪽이 낮음)의 계단식 지형이다.

중국의 지형은 서쪽에서 동쪽으로 갈수록 점차 낮아지며 일정한 계단식 모양을 형성하고 있는데, 일반적으로 다음과 같이 세 지대로 구분한다.

제1지대 : 평균해발 4,000m 이상에 달하는 지역으로 세계의 지붕이라고 불리는 청장고원(青藏高原 : 청해티벳고원)이 여기에 속한다. 청장고원은 면적이 230만km^2로 세계 최대의 고원이다.

제2지대 : 평균해발 2,000~1,000m에 이르는 지역으로 주로 고원과 분지가 이 지대에 속하며, 전체 면적은 400만km^2이다. 제1지대와 제2지대는 기련산(祁连山)-곤륜산(昆仑山)-횡단산(横断山)을 경계로 하여 구분되며, 중국의 4대 고원 중 황토고원(黄土高原) · 운귀고원(云贵高原) · 내몽고고원(内蒙古高原) 등 3개 고원과 타리무분지(塔里木盆地) · 준갈분지(准噶尔盆地) · 즈다무분지(紫达木盆地) · 사천분지(四川盆地) 등 4대 분지가 이 지대에 속한다.

제3지대 : 평균해발 500m 이하의 지역으로 평원과 구릉지역이 주를 이루며 전체 면적은 약 400만km^2이다. 제2지대와 제3지대는 대흥안령(大兴安岭)-태항산(太行山)-무산(巫山)-설봉산(雪峰山)을 경계로 하여 구분하며, 중국의 3대 평원인 동북평원(东北平原) · 화북평원(华北平原) · 장강중하류평원(长江中下游平原)과 3대 구릉인 동남구릉(东南丘陵) · 산동구릉(山东丘陵) · 료동구릉(辽东丘陵) 이 제3지대에 속한다.

이 지역은 지세가 평탄하고 교통이 편리하여 인구 밀도가 높다. 전 국토 면적의 1/3을 차지하는 이 지역에 전국 인구의 90%가 살고 있다. 즉,

기업의 공략 목표가 되는 중국 시장의 대부분이 이 제3지대에 밀집되어 있다.

둘째, 지형이 복잡 다양하고 산지 면적이 광활하다.

중국의 지형은 고원, 산맥, 평원, 구릉, 분지 등이 서로 복잡하게 얽혀 있다. 고원 중에 분지가 있고, 분지 중간에 산맥이 있는가 하면 산맥 사이에 평원과 고원 또는 분지가 섞여 있는 등 매우 다양한 형태의 지형을 갖고 있으며, 그 중에서도 특히 산지가 차지하는 면적이 매우 광활하다.

중국의 모든 산과 산맥, 그리고 구릉과 고원지역까지 포함한 전체 산지 면적은 전 국토의 $^{2}/_{3}$ 이상을 차지한다.

중국 지형의 면적과 비율

지 형	면적(km²)	국토 점유 비율(%)
산 지	320	33
고 원	250	26
분 지	180	19
평 원	115	12
구 릉	95	10

(3) 중국의 기후

중국은 영토가 광활하여 남쪽으로부터 북쪽에 이르기까지 열대, 아열대, 난온대(暖温带), 온대, 한온대(寒温带) 등 여러 가지 유형의 기후대를 갖고 있다. 그 중 아열대 · 난온대 · 온대지역이 약 70.5%를 차지하며, 청장고원(青藏高原)에는 고한구(高寒区)라는 특수한 기온대를 형성하고 있다.

남부의 뢰주반도(雷州半岛) · 해남성(海南省) · 대만성(台湾省) 및 운남성(云南省) 남부지역은 일년 내내 겨울이 없고 사계절이 모두 고온다우(高温多雨)하며, 장강(长江)과 황하(黄河) 중하위 지역은 사계절이 분명하다.

북부의 흑룡강성(黑龙江省) 등 지역은 동절기에는 엄한다설(严寒多雪)하며, 광활한 서북부 지역은 강수량은 희박하고 기후가 건조하며 겨울에는 춥고 여름에는 더우며 기온 변화가 현저하다.

서남부의 고산협곡지역은 협곡의 아래에서 산정상까지 습열(湿热)부터 고한(高寒)에 이르는 여러 가지 유형의 기후를 나타낸다.

그 외에 중국에는 고산기후, 고원기후, 분지기후, 삼림기후, 초원기후, 그리고 황막기후(荒漠气候) 등 여러 유형의 기후대가 혼합하여 존재하고 있다.

중국의 기후는 이렇듯 다양한 유형이 있으나 대륙성 계절풍 기후가 기본 특징이라고 할 수 있으며 세 가지 주요특징이 있다.

첫째, 기온의 연교차와 일교차가 크고, 겨울과 여름의 극단기온의 차이는 더욱 크다.

둘째, 강수분포도가 매우 불균형하다. 연 강수량은 동남쪽에서 서북쪽으로 갈수록 점차 감소하며 비율의 차이는 40 : 1이다. 또한 동절기에는 강수량이 적고 하절기에는 강수량이 많다.

셋째, 동 · 하절기의 풍향이 현저하게 다르다. 동절기에는 고위도의 대륙지역으로부터 찬 북풍이 많이 불어 한랭건조하고, 하절기에는 바람이 주로 해양에서 불어와 남풍이 많이 불기 때문에 습윤온난하다.

2004년도 중국 주요도시 평균기온표

직할시/성	도시	년 평균 기온(℃)
北京市(북경시)	北京(북경)	13.5
天津市(천진시)	天津(천진)	13.2
河北省(하북성)	石家庄(석가장)	14.3
山西省(산서성)	太原(태원)	10.9
内蒙古自治区(내몽고 자치구)	呼和浩特(후허하우터)	8.0
辽宁省(료녕성)	沈阳(심양)	9.6
辽宁省(료녕성)	大连(대련)	12.2
吉林省(길림성)	长春(장춘)	7.1
黑龙江省(흑룡강성)	哈尔滨(하알빈)	5.8
上海市(상해시)	上海(상해)	17.5
江苏省(강소성)	南京(남경)	16.9
浙江省(절강성)	杭州(항주)	17.8
安徽省(안휘성)	合肥(합비)	16.6
福建省(복건성)	福州(복주)	20.8
江西省(강서성)	南昌(남창)	18.8
山东省(산동성)	济南(제남)	14.8
山东省((산동성)	青岛(청도)	13.6
河南省(하남성)	郑州(정주)	15.5
湖北省(호북성)	武汉(무한)	18.3
湖南省(호남성)	长沙(장사)	18.3
广东省(광동성)	广州(광주)	22.8
广西自治区(광서자치구)	南宁(남녕)	21.5
海南省(해남성)	海口(해구)	24.7
广西自治区(광서자치구)	桂林(계림)	19.6
重庆市(중경시)	重庆(중경)	18.4
四川省(사천성)	温江(온강)	16.2
贵州省(귀주성)	贵阳(귀양)	14.6
云南省(운남성)	昆明(곤명)	15.6
西藏自治区(서장자치구)	拉萨(라사)	8.6
陕西省(섬서성)	西安(서안)	15.4
甘肃省(감숙성)	兰州(란주)	10.9
青海省(청해성)	西宁(서녕)	5.8
宁夏自治区(녕하자치구)	银川(은천)	10.3
新疆自治区(신강자치구)	乌鲁木齐(우루무치)	8.0

*자료출처 : 2006연도 중국통계년감

2. 중국의 행정구역

(1) 행정구역

현재 중국의 국토는 4개의 직할시(直辖市)와 23개의 성(省)을 비롯하여 5개의 자치구(自治区), 그리고 2개의 특별행정구(特别行政区) 등을 합쳐서 모두 34개의 행정구역으로 구획되어 있다.

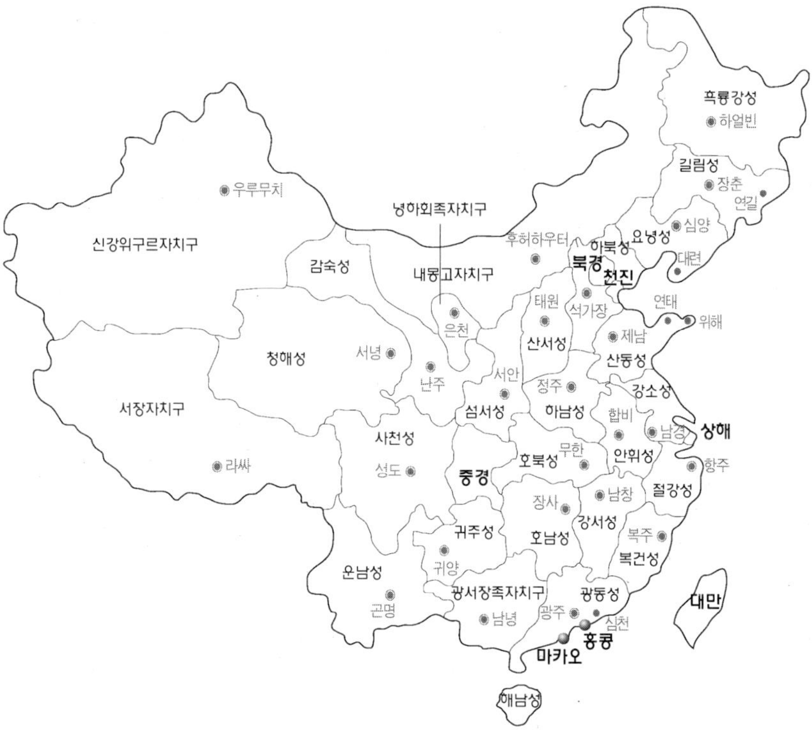

중국의 34개 행정구역은 21쪽의 "중국의 행정구역 구획표"와 같다. 이 34개의 행정구역 안에는 홍콩과 마카오가 각기 한 개의 특별행정구로, 그리고 대만이 한 개의 성으로 포함되어 있으므로, 우리가 흔히 말하는 중국 대륙은 4개의 직할시와 22개의 성, 그리고 5개의 자치구로 구획되어 있다고 할 수 있다.

중국의 행정구역 구획표

구분	지역 수	포함 지역
직할시 (直辖市)	4개	북경시(北京市), 천진시(天津市), 상해시(上海市), 중경시(重庆市)
성 (省)	23개	하북성(河北省), 산서성(山西省), 료녕성(辽宁省), 길림성(吉林省), 흑룡강성(黑龙江省), 강소성(江苏省), 절강성(浙江省), 안휘성(安徽省), 복건성(福建省), 강서성(江西省), 산동성(山东省), 하남성(河南省), 호북성(湖北省), 호남성(湖南省), 광동성(广东省), 해남성(海南省), 사천성(四川省), 귀주성(贵州省), 운남성(云南省), 섬서성(陕西省), 감숙성(甘肃省), 청해성(青海省),대만성(台湾省)
자치구 (自治区)	5개	내몽고자치구(内蒙古自治区), 광서장족자치구(广西壮族自治区), 서장자치구(西藏自治区), 녕하회족자치구(宁夏回族自治区), 신강위구르자치구(新疆维吾尔自治区)
특별행정구 (特别行政区)	2개	홍콩특별행정구(香港特别行政区), 마카오특별행정구(澳门特别行政区)

중국 대륙의 6개 권역

권역 구분	지역 수	포함 지역
화북지구 (华北地区)	5개	북경시, 천진시, 하북성, 산서성, 내몽고자치구
동북지구 (东北地区)	3개	료녕성, 길림성, 흑룡강성
화동지구 (华东地区)	7개	상해시, 산동성, 강소성, 절강성, 안휘성, 강서성, 복건성
중남지구 (中南地区)	6개	호북성, 호남성, 광동성, 해남성, 하남성, 광서장족자치구
서남지구 (西南地区)	5개	중경시, 사천성, 귀주성, 운남성, 서장자치구
서북지구 (西北地区)	5개	섬서성, 감숙성, 청해성, 녕하회족자치구, 신강위구르자치구

그리고 대륙의 이 31개 행정구역은 지리적 위치에 따라 크게 화북지구 · 동북지구 · 화동지구 · 중남지구 · 서북지구 · 서남지구 이렇게 6개의 권역으로 나뉘며, 각 지구에 포함된 지역은 21쪽의 "중국 대륙의 6개 권역"표와 같다.

(2) 행정구역별 구획

중국의 성(省)이나 자치구(自治区)는 한국의 도(道)와 같은 개념으로 일반적으로 성(省)은 한족(汉族)이 거주하는 지역을, 자치구(自治区)는 한족 이외의 소수민족(少数民族)이 주로 거주하는 지역을 지칭한다.

그리고 모든 성이나 자치구에는 해당 성이나 자치구의 수도 격인 성회시(省会市)가 있고, 해당 성의 도시들은 도시의 크기와 경제 상황에 따라 부성급시(副省级市) · 지급시(地级市) · 현급시(县级市) · 현(县) · 자치현(自治县) · 진(镇) · 향(乡) 등으로 구분되어 있다.

또한 직할시(直辖市)는 성 또는 자치구와 동급인 행정구역으로서 직할시 자체가 성회시에 해당되며, 시내 지역은 구(市辖区)로 시외 지역은 현(县)으로 구분되어 소속되어 있다.

이에 따라 중국의 34개 행정구역은 다시 4개의 직할시, 15개의 부성급시(副省级市), 268개의 지급시(地级市), 374개의 현급시(县级市), 1,636개의 현(县), 852개의 구(市辖区) 등으로 세분되어 있다.

성회시(省会市)는 일반적으로 해당 성이나 자치구 중 경제가 가장 발전한 지역으로서 해당 성이나 자치구의 구심점이 된다. 또한, 해당 성의 정부기관 중 가장 상급 기관인 성정부(省政府)와 성급(省级)의 모든 관공서는 성회시(省会市)에 소재하고 있다.

내륙의 대부분 지역에서는 성회시(省会市)가 해당 성이나 자치구에서 경제가 가장 발달된 지역으로서 해당 지역의 가장 큰 시장이지만, 개혁개방 이후 일부 연해 지역에서는 경제발전 상황과 시장규모가 성회시를 능가하거나 또는 비슷한 수준의 지급시(地级市)가 발생함에 따라 이런 지역들은 단독계획도시(计划单列市)로 구분하였다.

단독계획도시(计划单列市)로 구분된 도시는 대련(大连) · 녕파(宁波) · 하문(厦门) · 청도(青岛) · 심천(深圳) 등 5개 도시다.

중국은 각 행정구역 별로 정식명칭 이외에 지역별 약칭이 따로 있다(예 : 북경은 '경'(京), 상해는 '호'(沪)). 지역별 약칭은 해당 지역을 표시하는 기호로 사용한다.

예를 들면, 북경지역의 자동차 번호판 또는 사업자등록증 번호는 '京'으로 시작하며, 상해지역의 자동차 번호판 또는 사업자등록증 번호는 '沪'로 시작한다.

지역별 약칭은 일반적으로 그 지역의 지역명이나 역사 또는 지리적인 조건 등에 의해 명명되었다.

중화인민공화국 행정구획표

행정구역	약칭	면적(km²)	인구(만 명)	성회시	소속 행정구역 수
북경시	京	16,800	1,493	북경시	구-16, 현-2
천진시	津	11,300	1,024	천진시	구-15, 현-3
하북성	冀	190,000	6,809	석가장시	지급시-11, 현급시-22, 구-36, 현-108, 자치현-6
산서성	晋	156,000	3,335	태원시	지급시-11, 현급시-11, 구-23, 현-85
내몽고 자치구	内蒙古	1,183,000	2,384	후허하우터시	지급시-9, 현급시-11, 현-17, 구-21, 맹-3, 기-49, 자치기-3
료녕성	辽	145,700	4,217	심양시	지급시-14, 현급시-17, 현-19, 자치현-8, 구-56
길림성	吉	187,000	2,709	장춘시	지급시-8, 현급시-19, 자치주-1, 구-20, 현-18, 자치현-3
흑룡강성	黑	469,000	3,817	하알빈시	지급시-12, 현급시-18, 현-45, 자치현-1, 구-63, 지구-1
상해시	沪	6,200	1,742	상해시	구-18, 현-1
강소성	苏	102,600	7,433	남경시	지급시-13, 현급시-27, 구-54, 현-25
절강성	浙	101,800	4,720	항주시	지급시-11, 현급시-22, 구-32, 현-35, 자치현-1
안휘성	皖	139,000	6,461	합비시	지급시-17, 현급시-5, 구-44, 현-56
복건성	闽	120,000	3,511	복주시	지급시-9, 구-26, 현급시-14, 현-45
강서성	赣	166,600	4,284	남창시	지급시-11, 구-19, 현급시-10, 현-70
산동성	鲁	153,000	9,180	제남시	지급시-17, 구-49, 현급시-31, 현-60
하남성	豫	167,000	9,717	정주시	지급시-17, 구-50, 현급시-21, 현-88
호북성	鄂	187,400	6,016	무한시	지급시-12, 자치주-1, 구-38, 현급시-24, 현-37, 자치현-2,

행정구역	약칭	면적(km²)	인구(만명)	성회시	소속 행정구역 수
호남성	湘	210,000	6,698	장사시	지급시-13, 자치주-1, 구-34, 현급시-16, 현-65, 자치현-7
광동성	粤	186,000	8,304	광주시	지급시-21, 구-54, 현급시-23, 현-41, 자치현-3
광서장족 자치구	桂	236,300	4,889	남녕시	지급시-14, 구-34, 현급시-7, 현-56, 자치현-12
해남성	琼	34,000	818	해구시	지급시-2, 구-4, 현급시-6, 현-4, 자치현-6
중경시	渝	82,000	3,122	중경시	구-15, 현급시-4, 현-17, 자치현-4
사천성	川 蜀	488,000	8,725	성도시	지급시-18, 자치주-3, 구-43, 현급시-14, 현-120, 자치현-4
귀주성	黔 贵	170,000	3,904	귀양시	지급시-4, 지구-2, 자치주-3, 구-10, 현급시-9, 현-56, 자치현-11, 특구-2
운남성	滇 云	394,000	4,415	곤명시	지급시-8, 자치주-8, 구-12, 현급시-9, 현-79, 자치현-29
서장 자치구	藏	1,220,000	274	라사시	지급시-1, 지구-6, 구-1, 현급시-1, 현-71
섬서성	陕 秦	205,000	3,705	서안시	지급시-10, 구-24, 현급시-3, 현-80
감숙성	甘 陇	450,000	2,619	란주시	지급시-12, 자치주-2, 구-7, 현급시-4, 현-58, 자치현-7
청해성	青	720,000	539	서녕시	지급시-1, 지구-1, 자치주-6, 구-4, 현급시-2, 현-30, 자치현-7
녕하회족 자치구	宁	66,400	588	은천시	지급시-5, 현급시-2, 현-11, 구-8
신강위구르자치구	新	1,600,000	1,963	우루무치시	지급시-2, 지구-7, 자치주-5, 구-11, 현급시-20, 현-62, 자치현-6

*자료출처 : 중국국가통계국, 중앙인민정부, 행정계획사이트(行政区划网站)
*인구와 면적은 2004년도 말, 지역별 행정구역은 2006년도 8월말 통계기준임.

3. 중국의 인구

(1) 중국의 인구 개황

중국의 인구는 2005년 말의 통계 기준으로 13억 756만 명이다. 이는 2004년도에 비해 768만 명이 증가한 것이다. 그리고 2005년도의 출생인구수는 1,617만 명으로 출생률이 12.4‰이고, 사망인구수는 849만 명으로 사망률은 6.51‰이며, 자연성장률은 5.89‰이다.

중국은 현재 1가구 1자녀 정책을 시행하며 인구 억제를 위해 노력하고 있지만, 현재와 같은 증가추세로 볼 때 중국의 인구는 2033년을 전후하여 최고치인 15억 명을 돌파할 것으로 추정된다.

중국의 인구 분포도는 지형적인 특성으로 인하여 동부와 서부지역에 있어서 큰 차이가 있다. 중국의 국토는 흑룡강성의 흑해(黑海)와 운남성의 등충(腾冲) 지역을 기준점으로 하는 흑해 – 등충선을 경계로하여 동서로 분리되는데, 경계선의 동남쪽이 점유하고 있는 국토면적은 전국면적의 43%에 불과하나 인구는 전국인구의 94%가 밀집되어 있다.

동부지역의 인구밀도는 200명/km^2 이상으로 주로 평원지역인 하북성 · 산동성 · 하남성 · 안휘성 · 절강성 · 강소성 · 사천성의 동부 등의 지역에 밀집되어 있다. 그 중 상해 · 강소성 · 절강성 등이 전국에서 인구밀도가 가장 높은 지역이며 738명/km^{2}의 인구밀도를 보인다.

이에 반해 경계선의 서북부 지역은 점유하고 있는 국토면적이 전국면적의 57%에 해당하지만 거주하고 있는 인구수는 전국 인구의 6% 밖에 되지 않으므로 인구밀도가 10명/km^{2}으로 상당히 낮다. 특히 내몽고성 · 신강성 · 청해성 · 서장성 등 서북부의 고원 및 사막지역의 인구는 더욱 적어서 이들 지역의 인구밀도는 6명/km^2 밖에 되지 않는다.

즉, 기업의 공략 목표가 되는 지역은 대부분 동부지역에 있다는 것을 알 수 있다.

2005년도 중국의 인구 구성표

단위 : 만명

구 분		년 말 수치	비율(%)
전국 총 인구		130,756	100.0
지역	도시	56,212	43.0
	농촌	74,544	57.0
성별	남성	67,375	51.5
	여성	63,381	48.5
연령별	0~14세	26,504	20.3
	15~64세	94,197	72.0
	65세와 그 이상	10,055	7.7

*자료출처 : 중국국가통계국

(2) 중국의 민족 구성 및 분포도

중국은 총 56개 민족으로 구성된 통일 국가이고, 그 중 한족(汉族)이 11억 8,295만 명으로 전체 인구의 90.56%를 차지하며, 그 외 55개의 소수민족(少数民族)이 1억 2,333만 명으로 전체 인구의 9.44%를 차지하고 있다(2005년 통계 기준). 따라서 우리가 흔히 중국인이라고 부르는 사람들은 주로 이 한족(汉族)을 칭하는 말이라고 할 수 있다.

중국 정부에서 2,000년에 실시한 전국 인구 조사표에 의하면 한족을 제외한 55개 소수민족 중 전체 인구가 100만 명 이상이 되는 민족은 18개 민족으로서 몽고(蒙古) · 회(回) · 장(藏) · 위구르(维吾尔) · 묘(苗) · 이(彝) · 장(壮) · 포의(布依) · 조선(朝鲜) · 만주(满) · 동(侗) · 요(瑶) · 백(白) · 토가(土家) · 하니(哈尼) · 카자흐(哈萨克) · 태(傣) · 여족(黎族) 등이 여기에 해당된다. 그 중 장족(壮族)이 1,600만명으로 소수민족 중에서는 인구가 가장 많은 민족이다.

중국 민족 구성비율

소수민족 중 인구가 백만 이하 10만명 이상인 민족은 모두 15개 민족으로 리수(傈僳) · 와(佤) · 사(畲) · 라후(拉祜) · 수(水) · 동향(东乡) · 납서(纳西) · 경파(景颇) · 키르키즈(柯尔克孜) · 토(土) · 다우르(达斡尔) · 무라오(仫佬) · 강(羌) · 홀로(仡佬) · 시버족(锡伯族) 등이 이에 해당된다.

그리고 인구가 10만명 이하 1만명 이상인 민족은 15개 민족으로 포랑(布朗) · 살라(撒拉) · 모난(毛南) · 아창(阿昌) · 보미(普米) · 다지크(塔吉克) · 노(怒) · 우즈벡(乌孜别克) · 러시아(俄罗斯) · 오원커(鄂温克) · 더앙(德昂) · 보안(保安) · 유고(裕固) · 경(京) · 기낙족(基诺族) 등이 이에 해당된다.

또한, 인구가 1만 명 이하인 민족도 문파(门巴) · 오르죤(鄂伦春) · 두룽(独龙) · 다다르(塔塔尔) · 혁철(赫哲) · 고산(高山) · 로파족(珞巴族) 등 7개 민족에 달한다.

소수민족의 인구수는 중국 전체 인구의 10%에도 미치지 못하지만 소수민족이 거주하는 지역은 매우 광범위하다. 소수민족이 자치권을 가지고 거주하는 지역의 면적은 중국 전체 국토 면적의 60% 이상을 차지한다.

소수민족은 대부분 서남과 서북 그리고 동북지역의 성 및 자치구에 집단 거주하고 있는데 내몽고 · 신강 · 서장 · 광서 · 녕하 등 5개 자치구와

30개의 자치주, 120개의 자치현, 1,200여 개의 민족향이 소수민족의 집단 거주지역이다.

근래에는 이들 자치지역 내에 거주하는 한족의 인구가 점차 늘어나고 있어 내몽고 · 광서 · 녕하 등 3개 자치구 내에 거주하는 한족의 수가 이미 해당 지역에 거주하는 소수민족의 수를 능가하였다. 또한 신강에 거주하는 한족 인구의 비율도 40%에 달한다. 이에 반해 한족 거주지역으로 이동하는 소수민족의 수도 점차 증가 추세에 있다.

소수민족의 주거지역은 분포도가 넓기는 하지만 주로 서부 및 변경지역에 밀집되어 있다. 광서 · 운남 · 귀주 · 신강 4개 성의 소수민족인구가 전체 소수민족 인구의 절반 이상을 차지하고, 여기에 료녕 · 호남 · 내몽고 · 사천 · 하북 · 호북 · 서장 · 길림 · 청해 · 감숙 · 중경 및 녕하 등 12개 성의 소수 민족 인구를 합하면 전체 소수 민족 인구의 91.32%에 달한다.

즉, 대부분의 소수민족은 경제가 낙후된 중국내륙의 변경지역에 거주하고 있으며, 경제가 발전한 동부 연해지역 및 중부 지역은 중국의 주류 민족인 한족의 거주지라고 할 수 있다.

(3) 중국내 조선족 현황

중국 내에 거주하는 조선족(朝鮮族) 인구는 약 200만 명으로 주로 길림성 · 흑룡강성 · 료녕성 등 동북3성(东北3省)에 거주하고 있으며, 길림성의 연변(延边-이전의 북간도 지방) 지역에는 조선족 집단 거주 지역인 조선족자치주(朝鮮族自治州)가 설립되어 있다.

연변지역은 조선 말기부터 한국인이 이주하여 개척한 곳으로 일제시대에는 독립운동의 근거지이기도 했다. 연변조선족자치주는 1952년 9월 3일에 성립되었고, 현재 연길시(延吉市) · 도문시(图们市) · 돈화시(敦化市) · 용정시(龙井市) · 훈춘시(珲春市) · 화룡시(和龙市) 등 6개 시와 왕청현(汪清县)과 안도현(安图县) 등 2개 현을 관할하고 있으며 자치주의 관할정부 소재지는 연길시(延吉市)이다.

연변은 길림성의 동남부에 위치하며 러시아 및 한반도와 국경을 접하고 있다. 면적은 4만 2,700km²로 길림성 총 면적의 ¼에 달한다. 연변지역의 인구는 약 218만 5,500명으로 11개 민족이 거주하고 있으며, 그 중 약 39%가 조선족으로 자치주 내에 거주하는 조선족 인구의 수는 81만 5천 명이다.

주로 동북 3성에 거주하던 조선족 교포들은 1992년의 한중 수교 이후, 한국기업의 중국 진출이 본격화되면서 중국전역으로 퍼지게 되었다. 대부분의 조선족 교포들은 한국기업 또는 한국인 대상 업소에서 일을 하고 있으므로 한국기업과 한국인이 밀집되어 있는 북경과 상해 · 천진 · 강소성 · 산동성 등의 지역에 많이 진출해 있다.

4. 중국의 언어

(1) 보통화(표준어)

중국은 다민족 국가이므로 사용하는 언어도 다양하다. 각 민족별로, 그리고 지역별로 각기 다른 방언이 있다. 하지만 중화인민공화국이 성립된 이후부터는 북경어(北京语)를 기준으로 한 보통화(普通话)를 표준어로 지정하여 중국 정부 및 모든 중국 국민의 공식 언어로 사용하고 있다.

중국의 모든 학교는 반드시 표준어로 수업을 진행하여야 하고 중국의 언론 매체와 정부 기관도 표준어만을 사용하도록 법으로 규정하고 있다. 따라서 초등학교 이상의 정규 교육을 받은 사람이라면 중국의 어느 지역에 거주하든지 표준어인 보통화를 구사할 수 있다.

다만, 정규 교육을 제대로 받지 못한 일부 농민들이나 노인들의 경우에는 지역 방언 이외에 표준어를 전혀 구사하지 못하거나 표준어 구사가 서툴다.

중국 정부의 표준어 사용 정책으로 인하여 모든 중국인이 보통화를 표준어로 사용하고 있기는 하지만, 그렇다고 하여 각 지역에서 사용하고 있는 고유의 방언이 아주 사라진 것은 아니다. 한국에서도 서울말을 표준어로 지정하여 사용하고 있지만 각 지역에서는 각 지역 사투리를 사용하고 있는 것과 같이, 중국에서도 각 지역에서는 그 지역 방언을 사용한다.

일반적으로 외지인과 대화를 할 때는 표준어를 사용하고 지역민들끼리의 대화는 지역 방언을 사용한다.

(2) 방언

중국의 방언은 크게 각 민족(民族)별로 사용하는 민족언어(民族言语)와 한족(汉族)이 사용하는 지역별 방언(地区方言)의 두 가지로 나눌 수 있다. 민족언어는 문자나 어법, 그리고 발음 등이 중국에서 표준어로 사용하는 보통화와 완전히 다른 언어로서 해당 민족들끼리만 사용하는 하나의 독립된 언어이다. 조선족 교포들이 사용하는 조선어(朝鲜语)가 바로 이 민족언어의 하나에 속한다.

그에 반해 한족들이 사용하는 방언은 어휘나 어법, 그리고 발음 등이 서로 상당히 다르기는 하지만 일정한 유사성을 갖고 있는 언어로서 완전히 독립된 하나의 언어라고는 할 수 없다.

한족들이 사용하는 방언은 크게 일곱 가지로 분류할 수 있으며, 상세 내용은 다음 표와 같다.

중국의 대표적 방언

방언 종류	사용 인구 수(명)	사용 인구 비율	대표성 방언	주 사용 지역
官话方言 (관화방언)	약 8억	70% 이상	북경어 (北京话)	장강(长江) 이북 지역
吴方言 (오방언)	약 1억	8.4%	상해어 (上海话)	강소성, 절강성, 상해
湘方言 (상방언)	약 6,000만	5%	장사어 (长沙话)	호남성
赣方言 (감방언)	약 2,500만	2.4%	남창어 (南昌话)	강서성
客家方言 (객가방언)	약 5,000만	4%	광동성매현어 (广东省梅县话)	광동성, 광서성, 복건성, 강서성, 대만성의 일부 지역
闽方言 (민방언)	약 5,000만	4%	복주어 (福州话)	복건성, 해남성, 대만성의 대부분 지역
粤方言 (월방언)	약 6,000만	5%	광주어 (广州话)	광동성, 광서성

중국의 북부 지역(长江 이북 지역)은 표준어로 사용하고 있는 북경어와 기본적으로 비슷한 관화방언(官话方言)을 사용하고 있으며, 사용 인구는 전체 인구의 약 70%에 달한다. 관화방언(官话方言)을 사용하는 지역에서는 억양과 발음 등에 있어서 지역별로 약간의 차이가 있기는 하지만 기본적으로 의사 소통이 가능하다.

하지만 관화방언(官话方言)을 제외한 나머지 여섯 가지의 방언은 어휘와 발음 등이 표준어와 완전히 다르므로 서로 간에 의사소통이 불가능하다.

따라서 나머지 여섯 개의 방언을 사용하는 남부 지역에 거주하는 약 30%의 사람들은 오직 표준어를 사용할 때에만 외지인과의 의사소통이 가능하다.

참고로 우리가 흔히 만다린(Mandarin)이라고 부르는 중국어는 표준어인 보통화를 지칭하며, 켄토니스(Kantonese)라고 부르는 중국어는 광동어인 월방언을 지칭하는 영어식 표현이다.

홍콩이 중국에 반환되기 이전에는 홍콩인들 대부분이 월방언만을 사용하고 표준어인 보통화를 거의 구사하지 못했다. 하지만 홍콩이 중국에 반환된 후 10년이 지난 지금에는 대부분의 홍콩 사람들 역시 표준어인 보통화를 구사할 수 있게 되었다.

또한 대부분의 조선족 교포들은 관화방언을 사용하는 북방지역에 거주하므로 표준어인 보통화를 구사하는데 전혀 문제가 없다.

5. 중국시장

(1) 중국인의 소득 수준

2005년도 중국 농촌 주민의 연간 평균 순수입은 3,255위안으로 가격 상승 요인을 제외한 실제 성장률은 6.2%이며, 도시 주민의 연간 평균 가처분소득은 10,493위안으로 실제 성장률은 9.6%이다.

엥겔 계수는 농촌가정이 45.5%이고 도시가정이 36.7%로 도시와 농촌 모두 높은 편에 속한다. 그리고 연간 순수입이 683위안에도 미치지 못하는 농촌의 빈곤 인구는 2,365만 명이며, 연간 소득이 684~944위안 사이인 농촌의 저소득 인구는 4,067만 명이다.

2001년~2005년의 연평균 소득

구 분	단위	2001년	2002년	2003년	2004년	2005년
도시주민1 인당 평균가처분소득	위안	6,860	7,703	8,472	9,422	10,493
농촌주민1 인당 평균순수입	위안	2,366	2,476	2,622	2,936	3,255
도시주민가정 엥겔 계수	%	38.2	37.7	37.1	37.7	36.7
농촌주민가정 엥겔 계수	%	47.7	46.2	45.6	47.2	45.5

*자료출처 : 중국국가통계국
- 도시주민 가처분 소득 : 도시 주민의 총 소득 금액에서 개인소득세 및 재산제 등 제세 금액을 제외한 실제 수입
- 농촌주민 순 수입 : 농촌 주민의 총 소득 금액에서 경영 비용 및 납세 금액 등을 제외한 순수입
- 엥겔계수 : 주민 생활수준의 기준이 되는 지표로 총 지출 비중에서 식료품비가 차지하는 비중을 말함. 식료품비 지출비중은 생활수준의 질을 반영하며 엥겔 계수가 낮으면 생활수준이 높음을 의미함.

상기 자료는 최근 5년 동안 중국의 도시 및 농촌 주민의 평균소득 수준을 나타내는 자료로서, 도시 주민의 소득이 고성장을 지속하는 것에 비해, 농촌주민의 소득은 2004년부터 성장률이 높아지기 시작했음을 알 수 있다. 또한, 도시와 농촌 주민 간의 소득 격차는 2001년에 비해 2005년에 오히려 더 커졌다.

지난 20여 년 동안 중국 정부는 일부 지역의 경제를 집중적으로 활성화하고, 이를 통해 주변 지역의 경제 발전을 이끌어내는 지역별 경제발전 정책을 시행하였다. 이런 정책으로 인하여, 현재 지역별 경제발전 편차가 매우 심각한 상태이며 지역별 소득 수준 또한 상당한 차이가 있다.

p.36~37의 도표는 2006년도 1월에서 3월까지 각 지역별 도시 주민과 농촌 주민의 평균소득을 나타내는 것으로, 상위권 지역과 하위권 지역의 소득 편차가 심각한 지경임을 알 수 있다.

도시주민의 경우는 1위인 절강성의 평균소득이 6,079위안인 것에 비해, 최하위인 서장자치구의 평균소득은 2,137위안으로 절강성의 $^1/_3$ 수준이다. 그러나 농촌 주민의 경우, 1위인 상해의 평균소득이 4,067위안인 것에 비해, 31위인 서장자치구는 401위안으로 1위인 상해와 10배의 차이를 보이고 있다.

이런 지역적 소득 불균형 현상은 국가의 균형발전을 저해하고 국가 및 사회에 대한 국민의 불만을 키우는 사회불안 요소로 작용함에 따라, 지역적 경제 불균형 현상을 타개하기 위한 목적으로, 현재 중국 정부는 환발해 지구개발정책과 서부대개발정책 등 여러 가지 경제 정책을 실시하고 있다.

2006년 1/4분기 지역별
도시주민 1인당 평균 가처분소득(단위 : 위안)

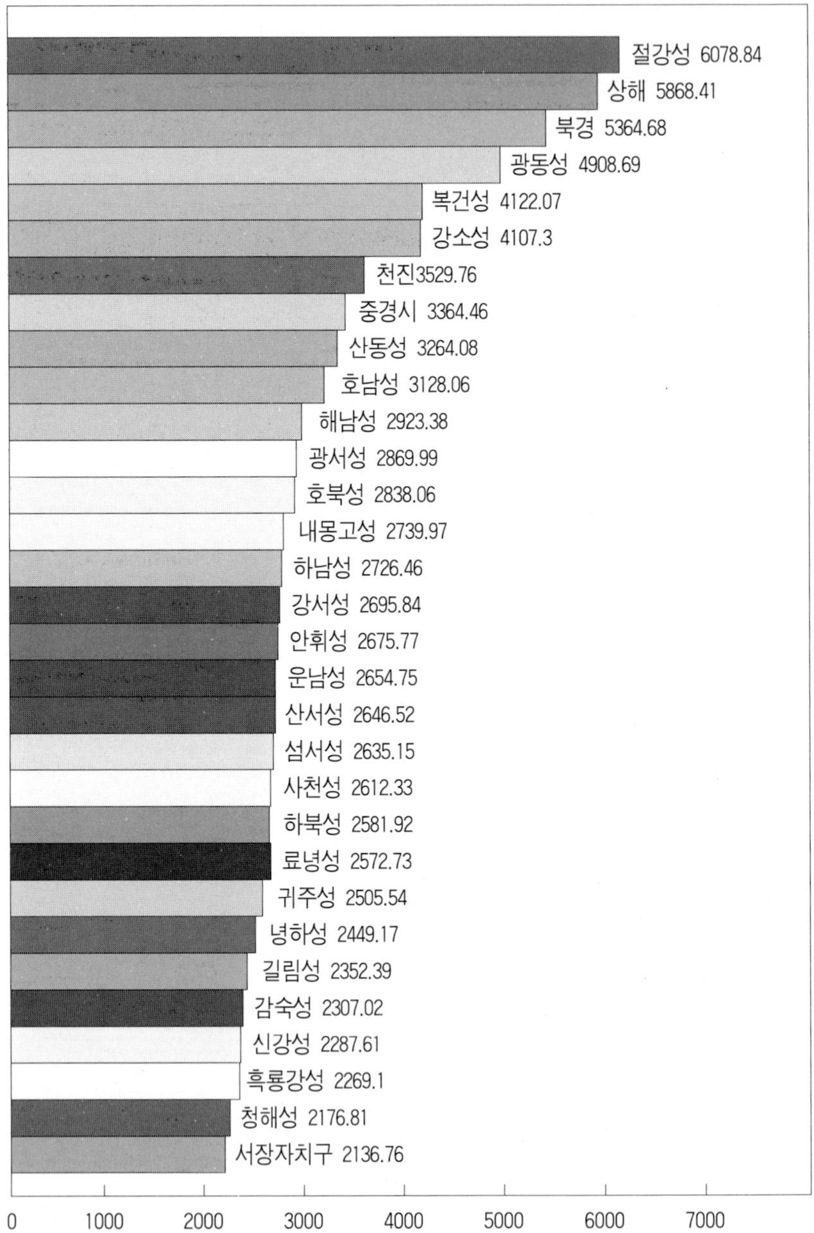

2006년 1/4분기 지역별
농촌주민 1인당 평균순수입(단위 : 위안)

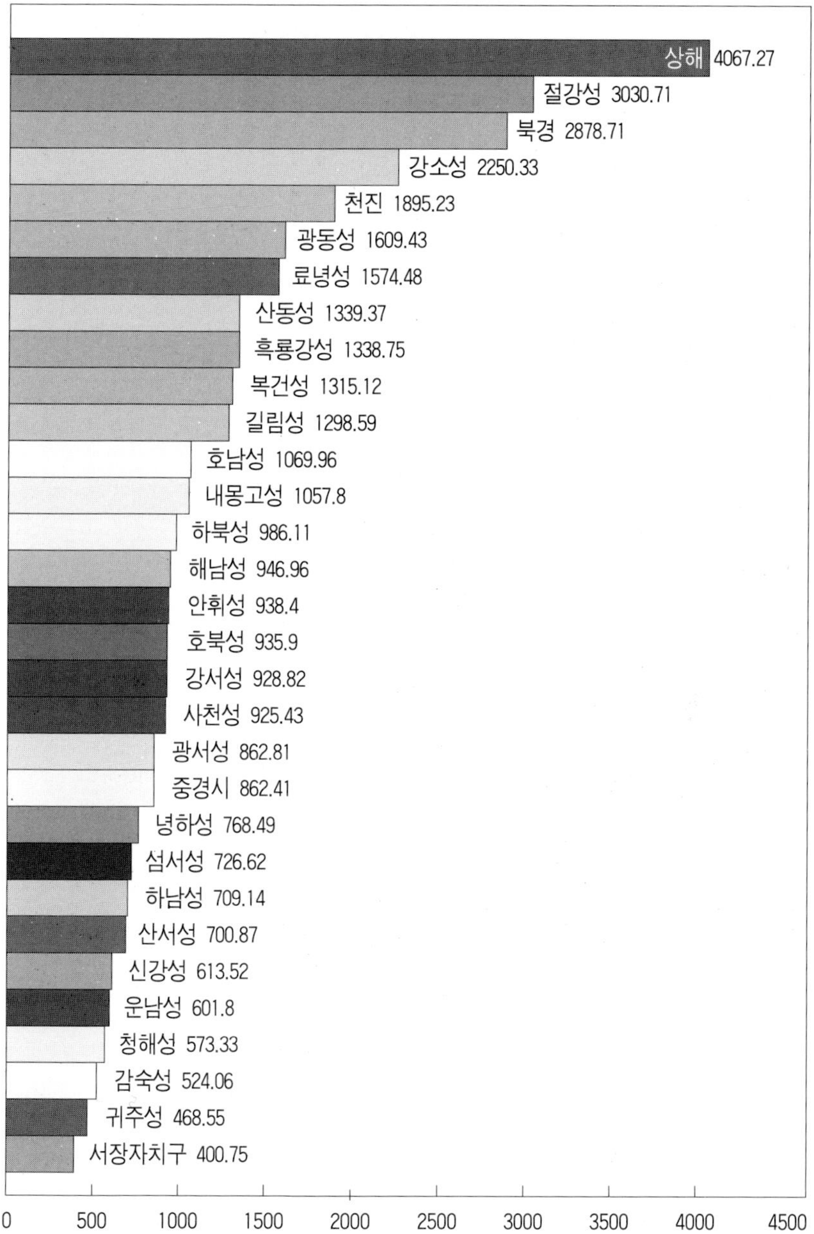

(2) 중국의 개혁개방 정책

현대 중국의 비약적인 경제발전은 개혁개방이라는 중국 정부의 획기적인 정책 실시에 의한 결과라고 할 수 있다. 개혁개방 이전까지는 자국민의 의식주 해결도 어려웠던 중국의 경제가 개혁개방 후 20여 년이 지난 지금은 세계를 무대로 하는 경제강국으로 발전했기 때문이다. 따라서 중국의 경제발전 과정을 이해하기 위해서는 이 개혁개방 정책을 간략하게나마 살펴볼 필요가 있다.

개혁개방 이전에 지어진 허름한 주택과 개혁개방 이후 들어선 고층 아파트의 극명한 대비를 보여주는 상해시내의 한 주택가 모습

1978년 이전까지 중국 정부는 철저한 계획경제와 함께 쇄국정책을 실시하였는데, 이로 인해 중국 국민들의 노동의지는 저하되어 있었고, 경제발전 속도 또한 둔화되어 있었다. 그러나 이런 경제침체 현상은 개혁적이고도 실용적인 사고의 소유자 등소평의 등장으로 인해 변화를 맞게 된다.

등소평은 자신의 체제가 확립되던 1978년에 갈수록 피폐해져 가는 중국 경제를 살리기 위해 농촌과 도시의 경제구조를 개혁하고, 서구의 선진 기술과 자본을 적극적으로 끌어들이는 대대적인 개혁개방 정책을 추진하기로 결정한다. 등소평에 의해 제창된 중국의 개혁개방 정책은 1978년 12월에 열린 중국공산당 제11기 삼중전회에서 확립되었으며, 크게 세 개 방면에서 개혁이 진행되었다.

① 농촌개혁

개혁개방 이전의 중국 농촌은 인민공사라는 국가기관의 관리감독 하에 운영되는 집단생산책임제였다. 즉, 농지에서의 수확량에 대한 소유권은 농민이 아닌 인민공사라는 국가기관에 있었으며, 농민들은 수확량의 많고 적음과 상관없이 일정 비율을 인민공사로부터 배급받는 제도였다. 따라서 농민들의 일에 대한 열정이 지극히 저하되어 있었으며 생산량 또한 매우 저조하였다.

이런 폐단을 개선하기 위하여 중국 정부는 농촌의 생산체제를 집단생산책임제에서 농가생산책임제로 전환하였다. 농가생산책임제는 각각의 농가가 경작부터 수확까지 책임지는 제도로서 각자의 노력 여하에 따라 수입이 결정되는 제도였다.

이러한 생산체제의 변화는 농민들의 열렬한 환영을 받았으며, 시행 2년 후인 1983년 초에 이미 93% 이상의 농가에서 농가생산책임제를 시행하게 되었다. 농가생산책임제의 시행은 농민들의 일에 대한 열정을 제고시킴으로써 농산물의 생산량 증가를 가져오게 되었고, 이는 또한 농촌기업의 번영을 가져오게 되는 계기가 되었다.

② 국유기업의 개혁

개혁개방 이전까지 중국의 기업은 농가와 마찬가지로 생산, 출하, 가격 등 모든 면에 있어서 국가의 지도 하에 운영되고 소득에 대한 분배를 받았다. 물론, 사회주의의 기본 원칙에 따라 공평하게 분배되었으므로 기업의 장이나 말단 직원의 소득에 있어서도 큰 차이가 없었다고 할 수 있다.

그러나 이러한 제도는 기업의 효율성과 직원들의 업무에 대한 적극성을 저하시킴으로써 기업이 활성화하지 못하는 원인이 되었으며, 또한 국가경제를 침체시키는 주요 원인이 되었다.

따라서 1978년 제11기 삼중전회 이후, 중국 정부는 국가의 지도 하에 운영되던 기업의 자주권을 점차적으로 확대하였으며, 1985년부터는 도시의 경제체제를 전면적으로 개혁하였다. 개혁의 주체는 바로 국유기업으로

다음 세 가지 방면에 대해 중점적으로 개혁을 진행하였다.

첫째, 원래의 단일 공유제 경제를 다종 소유제 경제로 공동 발전시킨다.
둘째, 국유기업에 대해 정치와 기업의 분리를 실행하며, 점차적으로 기업의 생산경영자주권을 확대하고 경영책임제를 실행한다.
셋째, 노동에 의해 분배하는 것을 위주로 하되, 여러 가지 분배방식을 공존하게 한다.

즉, 기업의 자주권을 확대하고, 책임경영제도를 실행하며, 정부와 기업의 직무와 책임을 분리하고, 공장장 책임 경영제도를 실행하였다. 또한 이익 상납 제도를 납세 제도로 개정하고, 기업의 적극성을 제고하며, 상업체제를 다경로 및 다체제로 개혁하고, 사회주의 시장경제체제를 실행하며, 유통을 활성화하고, 중심도시를 중점 육성하여 주변지역의 경제를 발전시

키는 연합경제를 실시하며, 경제규율에 따라 일을 처리하고, 노동 성과에 따라 분배함을 위주로 하는 여러 형식의 분배방식과 정책을 실시하는 것 등이 개혁의 주된 내용이다.

중국의 경직된 경제체제를 타파하는 이러한 경제체제의 개혁은 중국의 공업을 비약적으로 발전시켜서 1978년부터 1987년까지 매년 평균 11.8%의 GDP성장을 이루어 냈다.

이후 1992년에 당의 14대에서 사회주의 시장경제체제를 건립할 것을 제창함으로써 국유기업에 대한 개혁은 기업에 대한 권리이양 및 정책조정의 단계에서 기업에 대한 제도를 전환하고 전격 쇄신하는 단계에까지 이르게 되었다.

이에 따라 다수의 국유기업들이 현대기업제도를 설립하는 시범이 되어 기업제나 주식제로의 개혁을 단행하는 등 현대기업제도를 건립하기 위해 많은 탐색을 진행하였으며, 국유기업에 대한 체제개혁은 지금까지도 계속하여 진행되고 있다.

개혁 개방 이후 중국 전역의 도시에서 활발한 도시 개발이 진행되고 있다.

③ 대외 개방 정책

중화인민공화국 설립 이후, 서구사회와 철저히 격리된 채로 지내던 중국 정부는 경제부흥을 위한 방편으로 서구 사회의 선진 문물과 자본을 받아 들이기로 결정하였다. 이에 중국 정부는 1979년 7월에 광동성과 복건성 두 개의 성을 외국에 대해 시험적으로 개방하기로 결정하고 1980년 8월에 광동성의 심천(深圳) · 주해(珠海) · 산두(汕頭) · 그리고 복건성의 하문(厦門) 등의 4개 도시에 경제특구(经济特区)를 설립하였다.

이 4개의 경제특구는 개혁개방 정책의 교두보로서

첫째, 외국자본의 유치를 통하여 기업을 건설함으로써 지역주민에게 일자리를 제공한다.

둘째, 외국기업의 선진기술과 경영관리 노하우를 학습한다.

셋째, 특구에서 생산되는 제품을 수출하여 외화를 획득한다는 목적으로 설립되었으며, 중국 정부는 외국기업의 유치를 위하여 경제특구에 투자하는 외국기업에 대해 기업설립 절차와 세제 등 여러 가지 면에서 특수한 정책과 융통성 있는 정책을 실시하여 편의를 제공하였다.

중국 정부의 이런 적극적인 지원 아래 4개의 경제특구는 신속하고도 획기적인 성과를 거두었다.

1984년 1월에 등소평은 심천과 주해 두 곳을 시찰하고, 심천의 비약적인 발전에 감명 받아 "심천의 발전과 경험은 우리의 경제특구 설립 정책이 정확했다는 것을 증명한다."라는 담화를 발표하였고, 1984년 2월에는 "경제특구는 창구다. 기술의 창구, 관리의 창구, 지식의 창구, 대외정책의 창구다."라는 담화를 발표함으로써 경제특구 설립의 정당성과 필요성을 강조했다.

등소평의 일련의 발언에 힘입어 중국 정부는 개혁개방 정책을 가속화하였다. 즉 1984년 4월에는 상해(上海) · 천진(天津) · 대련(大连) · 진황도(秦皇島) · 연대(烟台) · 청도(青島) · 연운항(连云港) · 남통(南通) · 영파(宁波) · 온주(溫州) · 복주(福州) · 광주(广州) · 담강(湛江) · 북해(北海) 등의 14개 연해 도시를 개방하였다. 그리고 1985년에는 또다시 장강삼각주(长江三角洲) · 주강삼각주(珠江三角洲) · 민난삼각주(闽南三角洲) 및 환발해지역(环渤海地区)을 연해경제개방구(沿海经济开放区)로 지정하였다.

이어 1988년에는 해남도(海南島)를 성으로 승격시킨 후 중국에서 가장 큰 규모의 경제특구로 지정하였고, 1991년에는 상해의 푸동(浦东) 지역을 대외개방하였다.

이렇게 개방지역을 연해지역으로부터 내륙지역으로 점차 확대해 나가면서 연이어 내륙의 변경지역에서도 일련의 도시들을 개방하게 되었다. 이로써 중국은 경제특구–연해도시–연해경제개방구–내륙지역을 잇는 전면적이고도 다원화된 대외개방국면을 형성하게 되었다.

(3) 중국의 시장 발전 개황

1949년 중화인민공화국 창립 이래 1978년 개혁개방 이전까지, 중국의 경제는 수도인 북경을 중심으로 주로 각 성의 성회시를 위주로 발전하였다. 성회시는 각 성의 성정부가 소재하고 있는 곳으로, 대부분 내륙지역에 위치하고 있으며 각 성의 경제와 교육의 중심지였다.

하지만 개혁개방 이후인 80년대부터는 경제발전의 중심지가 성회시가 아닌 대외 개방된 연해 지역의 도시들로 전환되었으며, 경제발전 시기에 따라 그 중심지역 또한 변화하였다.

① 1980년대

개혁개방 초기인 1980년대 초에는 맨 먼저 경제특구로 지정된 심천 · 주해 · 산두 · 하문 등 4개 지역의 경제가 활성화하였는데, 그 중 심천의 경제발전이 가장 두드러졌다. 그 후 14개 연해도시와 4개의 연해경제개방구 그리고 해남성특구를 연이어 개방하였으며 개방된 지역 모두 개방 이전에 비해 상당한 경제발전이 있었다. 그중 가장 괄목할 만한 성과를 올린 지역은 광동성의 주강삼각주 지역이었다. 따라서 심천을 비롯한 주해 · 산두 등 세 개의 경제특구와 함께 주강삼각주 경제개발구가 설립된 광동성 지역이 자연히 중국경제의 중심으로 부상하게 되었다.

이렇게 광동성이 중국경제의 중심으로 부상할 수 있었던 중요한 요인 중 하나는, 바로 홍콩이 인접하고 있기 때문이다.

홍콩은 그 지리적 · 문화적 요인으로 인하여 중국의 개혁개방과 함께 자연스럽게 서구세계의 대 중국무역 창구 역할을 하게 되었는데, 1990년대 중반까지만 해도 중국에 진출하는 대다수의 외자 기업들은 언어문제와 문화적인 격차 등의 이유로 인하여 중국에 직접 진출하기 보다는 홍콩을 경유하여 진출하는 방법을 선호하였다.

그 이유는 홍콩은 원래 광동성에 소속된 지역으로서, 광동성에서 사용하는 것과 같은 지역방언인 월방언을 사용하며, 홍콩인 중 상당수는 대륙출신이므로 인맥이 많이 필요한 중국 비즈니스에 홍콩인을 이용하는 것은 매우 좋은 전략 중 하나였기 때문이다.

80년대의 광동성은 홍콩과 인접한 지리적 · 문화적 요인으로 인하여 홍콩 특수를 누리면서 비약적인 경제발전을 하며, 중국 경제의 중심으로 부상하게 되지만, 90년대 후반에 들어서면서 홍콩이 중국에 반환되고 상해

지역의 경제가 발전하면서 광동성 위주의 경제발전 상황에 변화가 생기게 되었다.

② 1990년대

광동성의 비약적인 경제발전 상황에 감명받은 중국 정부는 경제발전을 중국의 중부지역으로 끌어올리기 위해, 동부 연해 지역으로서 남북의 중심지점에 위치하고 있는 상해를 위시로 한 장강삼각주 지역을 중점 육성하기로 결정하였다. 그리고 1991년도에 상해의 푸동 지역 대외개방을 필두로 장각삼각주 지역에 대한 여러 가지 지원정책을 단행했다.

이런 중국 정부의 적극적인 지원에 힘입어 상해를 위시한 장강삼각주의 경제가 비약적으로 발전하였으며, 90년대 후반에 들어서면서부터 장강삼각주 지역의 경제발전 속도는 광동성의 경제발전 속도와 견줄 수 있게 되었다.

상해의 상징인 동방명주탑과 주변 빌딩들

2000년대에 들어선 후 중국의 WTO 가입과 기타 내륙지역과의 경제발전 불균형 등의 요인으로 인하여 심천을 비롯한 경제특구에 대한, 특구로서의 우위를 점할 수 있는 세제 혜택 등 여러 정책적 지원이 감소되었다. 또한 중부지역에 위치한 장강삼각주 지역에 비하여 내륙으로의 물류 수송 등에 있어서 상대적으로 불리한 지역에 위치한 광동성의 지리적 여건 등으로 인하여 광동성의 심천특구 등의 지역에 있던 주요 외자 기업들이 장강삼각주 지역으로 상당수 이동하게 되었다.

이로 인해 2000년대에 들어서면서부터 심천을 비롯한 광동성 일부 지역의 경제발전 속도가 점차적으로 둔화되고 있으며, 그 반면에 장강삼각주 지역의 경제는 무서운 속도로 발전하고 있다.

이에 따라 90년대 후반을 기점으로 광동성이 점유하고 있던 경제발전의 중심지역이 상해를 위시한 장강삼각주 지역으로 이동되었다.

③ 2000년대

지리적인 여건 때문에 중국 경제는 예로부터 서쪽에 비해 동쪽이 훨씬 발전하는 지역적 불균형 현상이 존재하였다. 하지만 개혁개방 이후, 중국은 비단 동서부의 경제 불균형뿐만 아니라 남북의 경제 불균형 현상도 초래하게 되었다. 즉, 현재의 중국 경제는 동남부에 위치한 일부 지역에 지나치게 편중되어 있어서 이는 국가의 균형발전에 심각한 저해요소가 되고 있다. 따라서 중국 정부는 남북의 경제불균형을 해소하기 위한 방편으로 북쪽에 위치한 천진을 중심으로 하는 환발해지역을 중점 개발하고 있다.

천진은 1984년에 이미 대외 개방되었으나 비약적인 발전을 이룩한 남부 지역의 도시들에 비해 발전속도가 현저히 낮았다. 하지만 천진은 그 지리적 요인으로 인하여 북부지역 경제개발의 핵심 지역으로 부상하게 되었으며, 현재 중국 정부는 심천과 상해를 잇는 제3의 국가급 경제 계획 개발의 중심으로 천진의 빈해신구(滨海新区)를 중점 개발하고 있다.

중국은 국가의 의지에 따라 특정지역을 단숨에 경제부흥지역으로 끌어올릴 수 있을 정도로 국가 지배력이 강력한 국가이므로, 머지 않은 장래에 천진이 제3의 심천이 될 수 있을 거라는 관측이 지배적이다. 천진의 경제발전은 북경을 비롯한 북쪽 지역의 경제발전에 크게 기여하게 될 것이며, 새로운 경제중심으로 떠오르게 될 전망이다.

흔히들 현대 중국의 경제발전 과정을 다음과 같이 표현한다. "중국의 80년대를 보려면 심천을 보고, 90년대를 보려면 상해를 보며, 21세기를 보려면 천진을 보라."

또한 중국 정부는 동서의 경제불균형을 해소하기 위하여 오래 전부터 서부대개발 정책을 추진하여 왔는데, 최근 들어 서서히 그 효과가 나타나고 있다. 이는, 그 동안 중국 정부의 서부지역 개발 정책에 따라 전력과 도로 등 사회기반 시설이 확충되었고, 경제가 발전한 동남부의 연해 지역에 비해 노동인력의 수급이 용이하고, 토지구매 비용이 저렴하며 산업자원이 풍부한 서부지역의 매력이 외자 기업들의 구미를 당기고 있기 때문이다.

이와 맞물려서 중국에 진출하는 외자 기업들의 중국진출 목적이 변화한 것 역시 서부 및 내륙지역의 개발에 박차를 가하는 하나의 요인이 되고 있다. 80년대와 90년대에 중국에 진출하였던 대부분의 외자 기업들은 중국 내수 시장을 겨냥하기보다는 수출품을 생산하는 임가공 공장 설립을 목적으로 진출하였으므로 외국으로부터의 원료 수급과 완제품 수출이 용이한 연해 도시가 최적의 공장설립 지역이었다고 할 수 있다.

하지만 최근에 중국에 진출하는 외자 기업들은 단순 임가공 공장의 설립이 아닌 중국 내수시장 공략을 목적으로 진출하는 기업이 많은 만큼, 내륙지역에서 멀리 떨어진 연해지역의 소도시보다는 노동 인력의 공급이 충분하고, 산업자원이 풍부하며, 전국으로의 교통이 편리하게 연결될 수 있는 내륙지역으로 진출하는 것이 훨씬 효과적인 선택이라고 할 수 있다.

최근 들어 사천성의 성두 등 일부 서부지역과 중국 교통의 중심지라고 일컫는 호북성의 무한 등의 지역에 진출하는 외국기업의 수가 눈에 띄게 증가하는 현상이 이런 경향을 잘 나타낸다.

중국 정부의 정책적인 지원과 기업의 자연적인 조건 충족의 필요성에 의하여 동남부에 국한되어 있던 경제발전 현상은 점차 서북 및 내륙지역으로 확장 발전될 전망이다. 하지만 서북 및 내륙지역은 지역이 광활하고 사회기반 시설이 빈약하며 단순 노동인력을 제외한 우수 인적 자원이 부족하므로 동남부와 같은 신속한 경제발전이 일어나기는 쉽지 않을 것이라고 본다.

6. 중국의 교육 현황

2005년도 말, 중국 국가통계국의 통계자료에 의하면 중국 전체 인구 중 대학(전문대 이상) 학력 소지자가 6,764만 명, 고등학교(中专-전문학교 포함) 학력 소지자가 15,083만 명, 중학교 학력 소지자가 46,735만 명, 초등학교 학력 소지자가 40,706만 명으로 (상기 각 대상자는 졸업생과 수료생 및 재학생을 합한 숫자임) 전체 인구 중 전문대 이상 학력 소지자의 비율이 5.18%밖에 되지 않는다.

이는 한국의 대학 졸업 이상의 인구수가 1,050만 명으로 전체 인구의 34.3%임을 감안 할 때, 인구 대비 고학력 소지자가 많지 않음을 알 수 있다. 참고로 중국의 의무교육 기간은 9년이다.

전체 인구 대비 각 학력 소지자의 비율

최종 학력	인구수	전체 인구 대비 비율
대학(전문대 이상)	6,764만 명	5.18%
고등학교(中专-전문학교 포함)	15,083만 명	11.55%
중학교	46,735만 명	35.78%
초등학교	40,706만 명	31.16%

중국의 교육기관은 초등학교부터 대학교에 이르기까지 지역별로 고루 설립되어 있으나, 지역의 발전상황과 경제상황에 따라 교육기관의 시설이나 교육의 질적 수준은 많은 차이가 난다. 그러므로 중국대학의 평가 기관에서는 중국의 대입 수험생들의 학교 선택에 도움을 주고자 매년 전국의 대학들을 대상으로 해당 대학의 연구실적과 인재육성실적 등을 기준으로 평가를 실시한다. 2006년도에 평가된 상위 50위권 안에 드는 대학의 순위는 다음과 같다.

2006년도 중국 50대 명문 대학 리스트

순위	학 교 명	소재지
1	清华大学 (청화대학)	북경시
2	北京大学 (북경대학)	북경시
3	浙江大学 (절강대학)	절강성
4	上海交通大学 (상해교통대학)	상해시
5	复旦大学 (복단대학)	상해시
6	南京大学 (남경대학)	강소성
7	华中科技大学 (화중과기대학)	호북성
8	武汉大学 (무한대학)	호북성
9	吉林大学 (길림대학)	길림성
10	中山大学 (중산대학)	광동성
11	四川大学 (사천대학)	사천성
12	西安交通大学 (서안교통대학)	섬서성
13	中国科学技术大学 (중국과학기술대학)	안휘성
14	哈尔滨工业大学 (하알빈공업대학)	흑룡강성
15	山东大学 (산동대학)	산동성
16	天津大学 (천진대학)	천진시
17	南开大学 (남개대학)	천진시
18	中南大学 (중남대학)	호남성
19	北京师范大学 (북경사범대학)	북경시
20	中国协和医科大学 (중국협화의과대학)	북경시
21	厦门大学 (하문대학)	복건성
22	东南大学 (동남대학)	강소성
23	北京航空航天大学 (북경항공항천대학)	북경시
24	中国人民大学 (중국인민대학)	북경시
25	华南理工大学 (화남이공대학)	광동성

순위	학 교 명	소재지
26	同济大学 (동제대학)	상해시
27	大连理工大学 (대련이공대학)	료녕성
28	西北工业大学 (서북공업대학)	섬서성
29	重庆大学 (중경대학)	중경시
30	中国农业大学 (중국농업대학)	북경시
31	东北大学 (동북대학)	료녕성
32	华东师范大学 (화동사범대학)	상해시
33	兰州大学 (란주대학)	감숙성
34	中国地质大学 (중국지질대학)	호북성
35	北京理工大学 (북경이공대학)	북경시
36	华东理工大学 (화동이공대학)	상해시
37	中国石油大学 (중국석유대학)	북경시
38	苏州大学 (소주대학)	강소성
39	郑州大学 (정주대학)	하남성
40	湖南大学 (호남대학)	호남성
41	中国矿业大学 (중국광업대학)	강소성
42	武汉理工大学 (무한이공대학)	호북성
43	北京科技大学 (북경과기대학)	북경시
44	南京航空航天大学 (남경항공항천대학)	강소성
45	南京农业大学 (남경농업대학)	강소성
46	西安电子科技大学 (서안전자과기대학)	섬서성
47	西北大学 (서북대학)	섬서성
48	暨南大学 (기남대학)	광동성
49	电子科技大学 (전자과기대학)	사천성
50	南京理工大学 (남경이공대학)	강소성

출처 : 中国统计出版社에서 출간한《挑大学选专业－2006高考志愿填报指南》

제2장 중국의 지역별 시장 상황

앞에서 살펴보았듯이 중국의 경제발전 상황은 여러 가지 요인으로 인하여 지역적으로 많은 편차가 있다. 기본적으로 서부보다는 동부가, 그리고 북부보다는 남부가 훨씬 더 발전하였으며 각 성별로도 많은 편차가 있다. 중국에서 사업을 하고자 하는 사람은 중국의 이런 지역별 경제적 편차와 각 지역별 시장의 기본적인 특성을 이해하는 것이 매우 중요하다.

중국 사업을 진행함에 있어서 가장 기본적으로 알고 있어야 하는 시장 상황은 바로 4대 경제개발지구와 6대 권역에 대한 각각의 시장 상황과 특성이다. 4대 경제개발지구는 근대 중국의 개혁개방 정책에 의해 새로이 형성된 경제지구로, 중국 경제의 중심축이 되고 있는 장강삼각주와 주강삼각주 및 최근에 급격한 성장을 하고 있는 환발해지구, 그리고 서서히 개발이 진행되고 있는 서부대개발지구가 포함된다.

중국의 6대 권역은 행정구획에 의해 구분된 것으로서 화북지구 · 동북지구 · 화동지구 · 중남지구, 서남지구 · 서북지구가 포함된다.

최근에는 경제발전 상황에 견주어 볼 때 행정구역을 6대 권역으로 나누는 것이 불합리하므로 경제상황에 따라 8대 권역으로 재편성해야 한다는 의견을 내는 사람들도 있다. 이는 같은 권역에 속한 지역들 간의 경제적 편차가 심하기 때문이다.

예를 들어 안휘성은 중국 최고의 경제발전지구인 화동지구에 소속되어 있지만 경제상황은 중국 최고의 빈곤지구인 서북지구에 속한 지역과 별반 차이가 없으며, 같은 중남지구에 소속된 광서성 역시 광동성과의 경제적 격차가 심하게 나타나고 있는 등 같은 지구에 소속된 지역 간의 경제적 편차가 심각하기 때문이다. 하지만 아직까지는 공식적으로 중국 전역을 6개 권역으로 나누고 있다.

중국에서 사업을 하다 보면 4대 경제개발지구와 6대 권역에 대한 이야기를 자주 듣게 된다. 그만큼 중국인들은 경제 블록을 경제개발구 또는 권역별로 나누고 있다는 말이다. 그러나 안타깝게도 중국 사업을 하고 있는 한국 기업인들 중 상당수는 이런 경제 블록 또는 지역별 시장 상황에 대한 이해가 부족하다. 적어도 필자가 직접 만나 본 한국 기업인들 중에 중국 전역의 시장 상황에 대해 전체적으로 이해하고 있는 사람은 단 한 사람도 없었다.

영업과 마케팅은 시장에 대한 이해에 기초한다. 따라서 제대로 된 영업과 마케팅을 하기 위해서는 반드시 시장의 전체적인 상황에 대한 충분한 인식이 필요하다. 중국 시장에 대한 전체적인 이해도를 높이기 위해 지금부터 중국의 시장 상황을 4대 경제개발지구와 6대 권역으로 나누어서 살펴보고자 한다.

1. 4대 경제개발지구

(1) 장강 삼각주(長江三角洲)

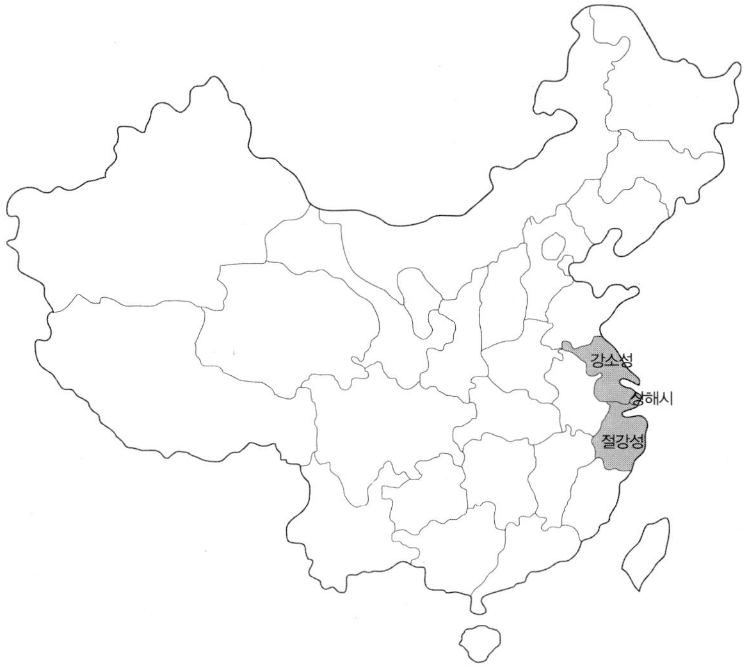

상해를 핵심으로 하고 있는 장강삼각주는 현재 중국에서 경제규모가 가장 큰 지역으로 중국경제의 견인차 역할을 하고 있는 지역이다. 장강삼각주는 상해와 절강성 북부 및 강소성의 남부 지역 등을 칭하고, 아래 16개 도시가 이 지역에 속한다.

이 지역은 광활한 평원지역으로 총 면적이 약 10만km²로 전국 국토의 1%를 차지하며, 인구는 약 8,121만 명으로 전국인구의 약 6%를 차지한다.

2005년도의 이 지역 총 GDP는 33,963억 위안으로 전국 총 GDP인 183,085억 위안의 18.6%를 차지하며, 소득수준은 도시주민의 평균소득이 15,607위안으로 전국평균인 10,493위안에 비해 48.7% 높고, 농촌 주민의 평균소득이 7,109위안으로 전국평균인 3,255위안의 2.2배에 달한다.

*장강삼각주에 포함되는 16개 도시

상해시

절강성 – 항주(杭州), 녕파(宁波), 호주(湖州), 가흥(嘉兴), 소흥(绍兴), 대주(台州), 주산(舟山) 등 7개 도시

강소성 – 남경(南京), 소주(苏州), 태주(泰州), 무석(无锡), 진강(镇江), 양주(杨州), 상주(常州), 남통(南通) 등 8개 도시

장강삼각주의 핵심지역인 상해시의 루자쥐이 지역.
루자쥐이는 중국의 맨하탄으로 불리는 유명한 금융지역이다.

(2) 주강 삼각주(珠江三角洲)

장강삼각주와 함께 중국경제의 핵심 지역 중 하나인 주강삼각주는 광동성의 일부 지역을 칭하는 것으로서 성회시인 광주(广州)를 비롯하여 경제특구인 심천(深圳)과 주해(珠海), 그리고 불산(佛山) · 강문(江门) · 중산(中山) 및 동관(东莞) 등 7개 도시와 혜주시(惠州市)의 시내 지역과 혜양(惠阳), 혜동(惠东) · 박로(博罗) 등 3개 현과 더불어서 조경시(肇庆市)의 시내 지역과 고요(高要) · 사회(四会) 등 2개 현이 포함되며, 총 면적은 4.17만 km^2에 인구는 2,365만 명이다.

2005년도의 이 지역 총 GDP는 18,059억 위안으로 전국 GDP의 9.9%를 차지하며, 소득 수준은 도시주민의 평균소득이 17,477위안으로 전국 평균인 10,493위안보다 66.6%가 높고, 농촌주민의 평균소득이 6,331위안으로 전국평균인 3,255위안의 1.9배에 달한다.

주강삼각주는 면적과 인구수에 있어 장강삼각주에 비해 현저히 작으므로 인하여 총 GDP 규모는 장강삼각주보다 작지만 (2005년도 장강삼각주 GDP는 주강삼각주의 1.86배 임), 경제성장 속도는 15.8%로 장강삼각주의 13.5%보다 높아서 전국 최고 수준을 기록하고 있다.

주강삼각주의 핵심 지역중 하나인 광주 시내 전경

(3) 환 발해지구(环渤海地区)

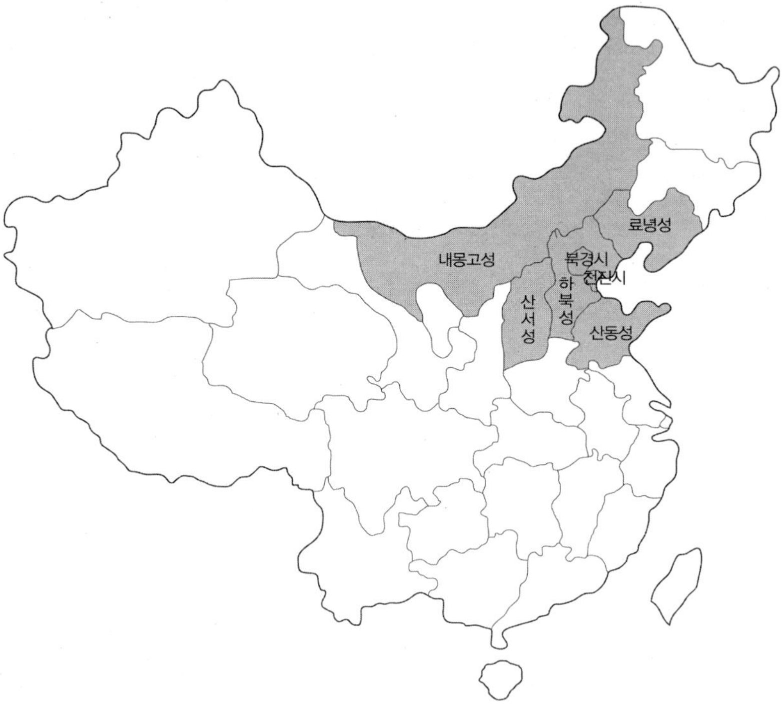

천진과 북경시를 중심으로 하는 환발해지구는 중국 북부 지역의 경제를 이끄는 중심지역으로 북경시 · 천진시 · 료녕성 · 하북성 · 산서성 · 산동성 및 내몽고성 중부지구의 2개 시가 포함된다. 총 토지면적은 112만 km^2 에 인구는 2.6억 명이다.

환발해지구에 포함되는 도시 수는 총 157개로, 전국 도시의 약 1/4에 해당하며, 그 중 인구 백만명이 넘는 도시가 13개에 이른다.

환발해지구는 동으로는 한국과 일본, 북으로는 몽고와 러시아 등 극동지구와 인접하고 있다. 그러므로 동북아경제권의 중심지역이 될 수 있는 천혜의 지리적 요건을 갖추고 있을 뿐만 아니라, 석탄과 천연가스 등 산업자원이 풍부하고, 총 40여 개의 항구를 보유하고 있는 중국 최대의 항구밀집지역이다.

또한, 중공업과 화공업이 발달한 지역으로 공업의 주요기지 역할을 하는 등 여러 가지 장점을 보유하고 있는 지역으로서, 주강삼각주와 장강삼각주에 이어서 중국의 제3의 경제중심으로 도약하고 있는 지역이다.

환발해지구는 북경과 천진 두 개의 직할시를 중심으로 대련 · 청도 · 연대 · 진황도 등 연해 도시를 측면으로 하고, 심양 · 태원 · 석가장 · 제남 · 후허하우터 등 성회시를 지역의 중심으로 하는, 중국 북부의 정치 · 경제 · 문화 및 국제교류의 중심지역이다.

환발해지구의 핵심 지역 중 하나인 북경시의 중심가 왕푸징

(4) 서부 대개발지구(西部大开发地区)

경제가 발전한 동부연해 지역에 비하여, 소수민족의 주거비율이 높은 중국의 서부지역은 전체적으로 경제가 발달하지 못한 빈곤지역이다.

중국 정부는 갈수록 심화되는 동부와 서부의 경제적 격차를 해소하고, 국가의 균형적인 경제발전을 실현시키기 위해, 2,000년부터 서부대개발 정책을 실시하고 있다.

이 지역에 속하는 지역으로는 특별시인 중경시를 포함하여 사천성 · 운남성 · 귀주성 · 섬서성 · 녕하회족자치구 · 감숙성 · 청해성 · 신강위구르자치구 · 서장자치구 · 내몽고자치구 · 광서장족자치구 등 12개 성시가 포함되어 있다. 총 면적은 680만km^2이고, 인구 3.5억 명이다.

서부지역은 지리적 조건이 좋지 않고 사회기반 시설이 미비하며, 인적 자원이 충분하지 못한 등의 이유로 인하여 동부연해 지역과 같은 신속한 경제발전을 이루지 못하고 있으나, 풍부한 산업자원과 국가의 지원에 힘입어 최근에는 사천성의 성회시인 성도를 필두로 중경시와 내몽고 등의 지역에서 괄목할 만한 경제성장을 하고 있다.

이 지역의 2005년도 총 GDP는 33,390억 위안으로 전국 GDP의 17.0%를 차지하며, 전년 대비 12.7%의 성장률을 기록하고 있다.

서부대개발 지구의 핵심 지역 중 하나인 중경시내 전경

2. 6대 권역

(1) 화북지구(华北地区)

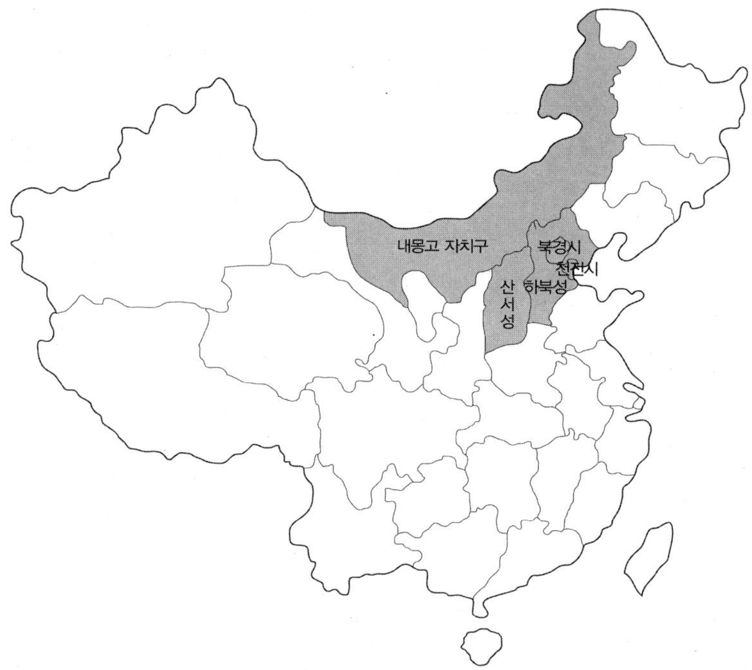

① 화북지구의 개황

소속지역	면적(km²)	인구수(만 명)	평균 주민소득(위안)	
			도시	농촌
북경시	16,800	1,493	5,365	2,879
천진시	11,300	1,024	3,530	1,895
하북성	190,000	6,809	2,582	986
산서성	156,000	3,335	2,647	701
내몽고 자치구	1,183,000	2,384	2,740	1,058
전체	1,557,100	15,045	–	–

*소득은 2006년 1/4분기 소득임

② 시장 크기

화북지구는 수도인 북경과 직할시인 천진시를 포함하고 있지만, 시장의 크기는 화동지구에 크게 못 미친다.

의약품의 경우, 일반적으로 화북시장의 크기를 중국 전체시장의 약 15~20% 정도로 본다.

북경이 화북전체 시장의 약 50% 이상을 차지하고 천진과 하북성을 합쳐 약 30~40%, 산서성과 내몽고자치구가 약 10%를 차지한다고 추정한다.

(*시장 크기에 대한 수치는 추정치로 통계에 근거한 정확한 수치는 아님.)

③ 지역별 주요 시장

지역별 주요시장은 외자 기업의 주 마케팅 지역 범주 내에 속하는 지역들이지만, 그 중 *표가 되어 있는 지역은 일반적으로 시장 진입 초기 3년 이내에 공략하지 않는 소규모 시장이다.

지 역	도시명
북경시	북경시
천진시	천진시
하북성*	석가장시
산서성*	태원시

④ 주요 시장의 특성

i) 북경시

북경은 수도이자 중국 정부의 소재지이다. 수많은 거대 외자 기업과 대형 국영기업들이 소재해 있고 경제수준은 최상위권에 속한다. ①의 표에서 알 수 있듯이 북경지역 농촌주민의 소득은 하북성, 산서성, 내몽고자치구 도시주민의 소득수준을 능가한다. 이는 북경시 주민의 전체적인 소득 수준이 매우 높음을 나타내며, 그만큼 큰 시장이라는 것을 나타낸다.

최근 상해와 함께 중국의 2대 국제적 도시로 분류된 북경은 중국에서 가장 중요한 시장 중 하나로, 전국의 모든 우수 제품들이 진입해 있으므로 경쟁이 매우 치열하다. 하지만 외지인 또는 외지 제품에 대한 배타성은 크지 않으므로, 상해에 비해 진입 장벽은 높지 않다고 볼 수 있다.

북경은 북경대학과 청화대학을 비롯한 중국의 명문대학이 가장 많이 소재해 있는 곳으로 중국의 우수 인재들이 가장 많이 밀집되어 있는 도시다. 특히 중국의 '실리콘 밸리' 라고 불리는 중관촌(中关村)이 북경시에 소재하고 있어 IT관련 인재가 가장 많은 곳이기도 하다.

북경시의 서단 지역

따라서 연구직 직원을 많이 필요로 하는 기업은 북경에 거점을 두는 것이 유리하다고 할 수 있다.

북경 사람들은 대체적으로 우호적이고 느긋한 반면, 일에 대한 열정이 남쪽 사람들에 비해 떨어지고 허풍이 조금 센 편이라고 할 수 있다. 예로부터 정치의 본고장인 만큼 토론 문화가 발달해 있어서 말하기를 좋아하고 정치적인 발언을 잘 하는 편이다.

따라서 북경인들을 상대할 때는 상대방의 말을 어느 정도 감안하고 들어야 한다. 하지만 꼼수는 잘 쓰지 않는 편이고 뒤통수를 치는 경우도 많지 않다.

ii) 천진시

천진은 중국의 4대 직할시 중 하나로, 현재 중국 정부가 강력하게 추진하고 있는 환발해지구개발정책의 핵심 지역이다. 천진은 80년대 중반부터 대외개방되었으나 남부의 주강삼각주나 장강삼각주 지역에 비

천진 시내 전경

해 경제발전 속도가 현저하게 떨어졌다. 중국 정부는 점차 심각해져 가는 남부 지역과 북부 지역의 경제 격차를 줄이고 북부 지역의 경제개발을 촉진하기 위한 전초 기지로 천진을 선택하였으며, 2006년도에 "천진빈해신구(天津滨海新区)"에 대한 개발정책을 발표하였다.

이는 광동성의 심천특구와 상해의 푸동지역을 잇는 세 번째의 국가급 지역개발정책으로서, 중국 북부 지역의 경제개발을 촉진하는 기폭제 역할을 할 것으로 예상한다.

개혁개방 후에 느리게 진행되던 천진의 경제 발전은 중국 정부의 전폭적인 지원에 힘입어서 2000년대 중반부터 가속화하기 시작하여 현재 빠른 속도로 진행되고 있지만, 전체적인 소득 수준은 아직 남부에 비해 떨어진다. 하지만 중국 정부의 강력한 의지와 전폭적인 지원에 의해 진행되고 있는 천진빈해신구개발정책으로 인해 천진은 추후 10년 동안 가장 빠른 경제성장을 이루게 될 지역으로 예측된다.

하북성과 산서성 그리고 내몽고자치구 등 3개 성은 모두 경제가 비교적 낙후된 지역들이다. 하지만 이들 지역 모두 환발해지역개발정책의 범주 안에 속하는 지역들로서, 천진의 발전 속도에 따라 함께 성장할 가능성이 있는 지역들이다.

특히 하북성은 북경과 천진 그리고 하북성 3개 지역을 잇는 "京津冀(경진기)경제구역" 내에 속하는 지역으로서 천진의 개발과 함께 빠른 성장을 기대해 볼 수 있는 지역 중 하나다.

(2) 동북지구(东北地区)

① 동북지구의 개황

소속지역	면적(km²)	인구수(만 명)	평균 주민소득(위안)	
			도시	농촌
료녕성	145,700	4,217	2,573	1,574
길림성	187,000	2,709	2,352	1,299
흑룡강성	469,000	3,817	2,269	1,339
전체	801,700	10,743	–	–

*소득은 2006년 1/4분기 소득임

② 시장 크기

일명 동북 3성으로 칭하는 동북지구는 대체적으로 경제가 발달하지 못한 지역으로서 시장의 크기가 크지 않으며, 전 중국 시장에서 수금이 가장 어려운 지역으로 악명 높은 지역이기도 하다.

의약품의 경우, 일반적으로 동북시장의 크기를 중국 전체시장의 5~7% 정도로 본다.

심양과 대련이 있는 료녕성이 가장 큰 시장이고, 그 다음이 길림성 흑룡강성 순이다.

(*시장크기에 대한 수치는 추정치로 통계에 근거한 정확한 수치는 아님.)

③ 지역별 주요 시장

지역별 주요시장은 외자 기업의 주 마케팅 지역 범주 내에 속하는 지역들이지만, 그 중 *표가 되어 있는 지역은 일반적으로 시장 진입 초기 3년 이내에 공략하지 않는 소규모 시장이다.

지역	도시명
료녕성*	심양(沈阳), 대련(大连)
길림성*	장춘(长春)
흑룡강성*	하알빈(哈尔滨)

④ 주요 시장의 특성

i) 료녕성

료녕성은 근 백 년의 공업역사를 갖고 있는 중국 최대의 중공업지역으로 동북3성 중 경제가 가장 발달한 지역이다. 료녕성의 성회시인 심양은 동북지역에서 가장 큰 도시이자 중국 최대의 중공업도시이고, 대련은 계획단열시로 지정된 경제발전 도시로 동북 지방의 대표적인 항

구이자 중국에서 가장 아름다운 도시로 손꼽히는 도시이기도 하다.

성회시인 심양시는 기존의 많은 거대 국영기업들의 체제 개혁이 늦어지고 국영기업 퇴직자들의 높은 실업률로 인하여 경제성장에 많은 어려움을 겪고 있지만, 우수한 인적 자원과 높은 과학기술력을 바탕으로 경제성장을 위해 열심히 노력하고 있다.

항구도시 대련 역시 우수한 인적 자원과 지리적 조건을 기반으로 동북아 지역의 항운 중심으로 거듭나기 위해 박차를 가하고 있다.

동북 3성의 도시 중 가장 아름다운 도시로 손꼽히는 대련 시내 전경

ii) 길림성

중국의 대표적인 자동차 생산 기지 중 하나인 "第一汽车" 그룹이 소재하고 있는 길림성은, "중국 자동차공업의 요람"이라고도 불리는 유명한 공업 지역이다. 길림성의 대표적인 공업으로는 자동차와 석유화학이며 식품과 의약품 그리고 전자 등도 신속하게 발전하고 있다.

길림성은 우수한 공업적 토대와 인적 자원, 그리고 "第一汽车" 등 대표적 기업의 분발, 그리고 국가에서 실시하고 있는 옛 공업단지의 진흥 계획에 힘입어서 최근 빠른 경제 성장을 하고 있다.

길림성의 성회시인 장춘시의 시내 전경

iii) 흑룡강성

흑룡강성 역시 공업으로 유명한 지역 중 하나로, 석탄과 석유 그리고 목재가 주요 산업이다. 흑룡강성은 또한 비옥하고 광활한 농토와 풍부한 수자원으로 인하여 농작물 생산에 있어서 천혜의 조건을 갖추고 있는 지역으로서 전국에서 가장 큰 경작지를 갖고 있는 지역이기도 하다.

흑룡강성에서 생산되는 쌀은 한국 쌀과 맛이 거의 같으므로 중국에서 거주하는 한국인들이 가장 애용하는 쌀 중 하나다.

흑룡강성은 일년 중 120일 정도가 되는 긴 설기(雪期)를 가진 기후 조건으로 인하여 세계적으로 유명한 얼음 축제인 하알빈빙등제(哈尔滨冰灯节)가 개최되는 곳이기도 하며, 러시아와 국경을 접하고 있으므로 중국과 러시아의 통로 역할이 되는 지역이기도 하다.

하얼빈 시내 전경

(3) 화동지구(华东地区)

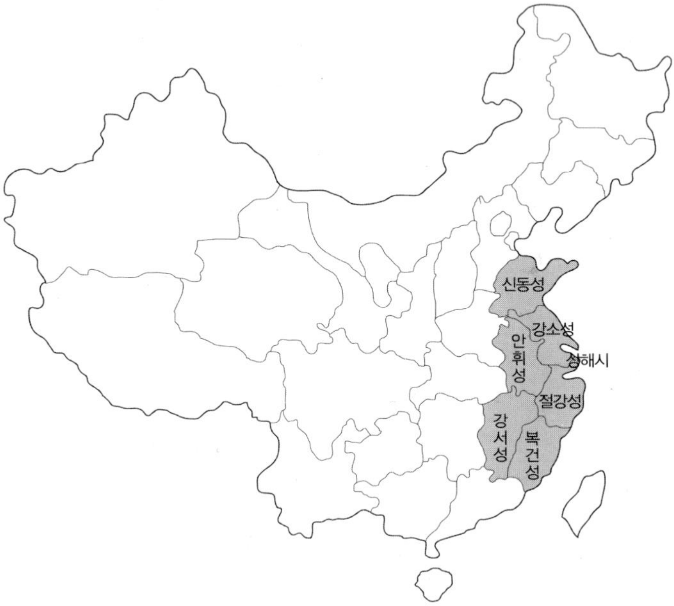

① 화동지구의 개황

소속지역	면적(km²)	인구수(만 명)	평균 주민소득(위안)	
			도시	농촌
상해시	6,200	1,742	5,868	4,067
강소성	102,600	7,433	4,107	2,250
절강성	101,800	4,720	6,079	3,031
안휘성	139,000	6,461	2,676	938
복건성	120,000	3,511	4,122	1,315
강서성	166,600	4,284	2,696	929
산동성	153,000	9,180	3,264	1,339
전 체	789,200	37,331	–	–

*소득은 2006년 1/4분기 소득임

② 시장 크기

동부 연해지역의 경제발전 지역이 밀집해 있는 화동지구는 중국 전체 시장 중에서 가장 부유한 지역이며 큰 시장이다.

의약품의 경우, 일반적으로 화동시장의 크기를 중국 전체시장의 40~50% 정도로 추정한다.

상해 · 절강성 · 강소성 3개 지역이 가장 중요한 시장으로 화동지구 전체 시장의 약 60%~70%를 차지하며, 산동성과 복건성이 그 다음으로 전체 시장의 약 25%, 안휘성과 강서성이 마지막으로 전체시장의 약 5% 정도를 차지한다고 추정한다.

(*시장 크기에 대한 수치는 추정치로 통계에 근거한 정확한 수치는 아님.)

③ 지역별 주요 시장

지역별 주요시장은 외자 기업의 주 마케팅 지역 범주 내에 속하는 지역들이지만, 그 중 *표가 되어 있는 지역은 일반적으로 시장 진입 초기 3년 이내에 공략하지 않는 소규모 시장이다.

지 역	도 시 명
상해시	상해(上海)
절강성	항주(杭州), 녕파(宁波), 대주(台州), 소흥(绍兴), 주산(舟山), 호주(湖州), 온주(温州), 가흥(嘉兴), 금화(金华)
강소성	남경(南京), 소주(苏州), 무석(无锡), 상주(常州), 진강(镇江), 남통(南通), 양주(扬州), 태주(泰州), 서주(徐州)
산동성	제남(济南), 청도(青岛)
안휘성*	합비(合肥)
강서성*	남창(南昌)
복건성	하문(厦门), 복주(福州), 전주(泉州), 장주(漳州)

④ 주요 시장의 특성

i) 상해

상해는 중국의 경제 및 금융 중심 도시로 전세계 우수 금융회사들이 대거 진출해 있으며, 상해의 대표적인 금융지역인 푸동 루자쥐이(陆家嘴) 지역은 중국의 '맨하탄' 으로 불리기도 한다.

상해는 현재 중국에서 경제가 가장 빠르게 발전하고 있는 국제적인 도시로서, 중국에 진출해 있는 대다수 다국적기업들의 영업 본부가 상해를 거점으로 하고 있다.

상해시장은 중국 전체 시장의 약 10%를 차지하는 거대 시장으로서 중국의 내 · 외자 기업 대부분이 진출해 있다. 따라서 시장 경쟁이 치열하고 시장 진입이 매우 어렵다. 특히 상해는 "중국의 모든 법은 상해에서 탄생하고 시범된다." 라는 말이 있을 정도로, 중국에서 가장 법규정이 까다롭고 법집행이 엄격한 지역이다.

상해 시내에 있는 한 백화점 내부 전경

따라서 상해에서는 꽌시(인맥관계)만으로 일을 처리하는 것은 불가능하며, 반드시 규정에 따라 일을 진행하여야 한다.

상해는 중국에서 가장 배타적인 지역으로 상해 이외 지역의 제품이 입성하기에 가장 어려운 지역이다. 하지만 전체적인 경제수준이 높고 중국에서 가장 세련된 지역으로 손꼽히는 만큼, 외자 제품을 판매하기에는 최적의 시장이라고 할 수 있다. 또한, 인구밀도가 높고 지역의 면적이 크지 않으므로, 영업 및 마케팅 활동을 하기에도 최적의 조건을 갖고 있는 지역이다.

상해에는 복단대와 교통대 등 중국 최고 명문대를 비롯하여 여러 개의 우수 대학이 소재하고 있을 뿐만 아니라, 전국의 인재들이 대거 상해로 몰려들고 있는 만큼, 인적 자원 또한 매우 풍부하다. 그러므로 상해는 기업의 사업 거점으로 최적의 장소라고 할 수 있다.

ii) 강소성

강소성은 소주와 무석 등에 대단위 공업단지가 형성되어 있어서 한국 기업을 비롯한 세계 각국의 외자 기업들이 진출하여 있다. 강소성은 성회시가 남경으로, 여러 왕조에 걸쳐서 수도로 지정되었던 역사 깊은 지역인 만큼, 예로부터 경제가 발전한 지역에 속한다.

현대에 와서도 장강삼각주의 발전 계획에 힘입어 중국에서 가장 잘 사는 지역 중 하나로 손꼽히고 있으나, 장강삼각주 내에서는 상해와 절강성에 이어 최하위권에 속한다.

지리적으로 볼 때, 강소성은 동부 연해 지역의 남과 북을 잇는 중간 지점에 위치하고 있다. 그러므로 중국의 주 시장이 되는 동부 연해지역으로 물류를 수송하기 용이하고, 물류 비용을 절감할 수 있다는 장점이 있다. 그에 따라 강소성은 공장의 설립지 또는 물류센터 설립지로 적합한 지역이라고 할 수 있다.

최근 들어서 강소성의 성회시인 남경 등의 지역으로 물류센터를 이전하고 있는 기업이 많아지고 있는 것도 바로 이런 이유 때문이다.

또한, 강소성은 예로부터 학문적 토대가 강한 지역으로, 남경대학을 비롯한 명문 대학이 여럿 있으므로 인적 자원이 풍부한 지역이다.

강소성의 명문대 중 하나인 소주 대학 전경

iii) 절강성

"하늘에는 천당이 있고, 지상에는 소주와 항주가 있다."라는 말이 전해져 내려올 정도로, 아름다운 도시 항주를 성회시로 갖고 있는 절강성은 중국에서 가장 부유한 지역 중 하나다.

절강성은 아름다운 경치와 온화한 기후 조건으로 인하여 풍류와 여유를 즐기는 사람들이 많은데, 이는 항주시 곳곳에 있는 수많은 찻집에서 차 한 잔을 시켜놓고 저녁 내내 담소를 즐기는 사람들을 보면 알 수 있다.

그런가 하면, 절강성은 중국에서 가장 유명한 상인들이 모여 사는 지역이기도 하다. 절강성 사람들의 상술은 모든 중국인들이 탄복할 정도로 뛰어난데, 그 중에서도 특히 온주 사람들의 상술이 으뜸이라고 할 수 있다. 상해를 비롯한 중국의 부동산 거품은 온주 사람들의 작품이라는 말이 공공연하게 회자되며 "온주 사람들만 따라서 투자를 하면 절대로 밑지지 않는다."라는 속담이 생겨날 정도이다.

또한, 이미 세계적인 명소가 된 절강성의 이우(义乌)시는 중국의 소상품 판매 기지로 도시 전체가 하나의 도매 시장으로 불릴 정도로 도매업이 발전된 도시다. 이우시에는 전 세계의 수많은 무역업체들이 진출해 있으며, 중국에서 구매하길 원하는 모든 소상품은 이우시에서 구할 수 있다.

하지만 절강성에는 강소성이나 상해와 같은 대단위 공업단지가 없기 때문에 세계적인 기업의 진출이 많지 않고, 대부분 지역민들이 운영하는 중소기업 위주로 경제가 발전하였다.

중국의 화공약품을 생산하는 중소기업의 대부분이 바로 이 절강성에 소재한다.

따라서 절강성은 개인 부자가 많이 밀집되어 있는 지역으로서 외자기업에게는 더 없이 좋은 시장이라고 해야 할 것이다.

중국에서 가장 아름다운 호수로 손꼽히는 항주의 서호

iv) 산동성

인류 역사상 가장 위대한 석학이자 철학자 중 하나인 공자(孔子)의 고향으로 유명한 산동성은, 한국의 인천과 마주보고 있는 지리적인 여건으로 인하여 한국과 가장 밀접한 관계를 맺고 있는 지역이다.

그 동안 중국으로 진출한 한국기업의 대부분이 청도와 위해를 비롯한 산동성 지역에 밀집해 있으며, 그 중 청도는 중국의 LA로 불릴 만큼 수많은 한국인들이 거주하고 있다.

현재 한국에 거주하고 있는 화교의 대부분이 바로 이 산동성 출신이며, 우리가 한국에서 즐겨 먹는 중국음식 역시 산동성 음식이다.

산동성 사람들은 대부분 기골이 장대하여 산동성 남자를 흔히 "山东大汉"(산동대한)이라고 표현한다. 산동성 사람은 기골이 장대한 외모만큼이나 강직하고 용감한 성격으로 유명하며, 술을 잘 마시는 것으로도 유명하다.

산동성에서 경제가 가장 발달한 지역이자
가장 아름다운 경치를 자랑하는 청도시의 54광장

개혁개방 이후, 산동성은 한국기업 등 외자 기업의 투자에 힘입어서 경제가 크게 발전하였지만, 강소성이나 절강성에 비해 발전 폭이 떨어지며 발전지역도 제한되어 있다.

하지만 산동성은 현재 중국 정부에서 강력하게 추진하고 있는 환발해지구개발정책의 중심 지역인 천진과 인접한 지역으로, 향후 10년 동안 많은 발전 가능성이 있는 지역이라고 볼 수 있다.

v) 복건성

복건성은 원래 중국의 변방 지역으로 경제가 비교적 낙후된 지역 중 하나였다. 하지만 개혁개방 초기에 복건성의 하문시가 경제특구로 지정되면서 지리적 · 문화적 요인으로 인하여 화교 자본이 대거 복건성으로 유입됨으로써 경제가 활성화되기 시작하였다.

복건성에서 사용하고 있는 민방언은 대만지역과 전세계 화교의 60% 이상이 사용하고 있는 방언으로서 복건성의 이런 문화적 요인은 대만 기업과 전세계 화교 자본을 흡수하는 주요 요인이 되었다.

복건성의 경제는 주로 특구인 하문시를 포함한 민난삼각주(厦门, 泉州, 漳州－3개 지역 포함) 지역을 위주로 발전하였으며, 복건성의 성회시인 복주시는 상대적으로 경제발전 속도가 느리게 나타났다.

하지만 2000년대에 들어선 후, 경제특구에 대한 여러 가지 혜택이 감소되고, 중국경제의 중심지가 동부 연해의 남부 지방에서 중부 지방인 장강삼각주로 이동하면서, 복건성에 유입되던 화교 자본이 점차 줄어 들게 되었다.

따라서 현재 복건성의 경제 발전 속도는 이전에 비해 상당히 저하되어 있는 상황이다.

복건성은 지리적으로 동남부에 편중되어 있고, 또한 인적 자원이나 산업 구조 등 여러 가지 면에서 장강삼각주 지역에 비해 불리한 조건인 만큼, 특별한 국가 정책이 나오기 전에는 이전과 같은 신속한 경제 성장을 기대하기는 어렵다고 본다.

하지만 아직까지 복건성은 중국에서 경제가 가장 발달한 지역 중 하나에 속하므로 놓쳐서는 안 되는 중요한 시장이다.

(4) 중남지구(中南地区)

① 중남지구의 개황

소속지역	면적(km²)	인구수(만 명)	평균 주민소득(위안)	
			도시	농촌
하남성	167,000	9,717	2,726	709
호북성	187,400	6,016	2,838	936
호남성	210,000	6,698	3,128	1,070
광동성	186,000	8,304	4,909	1,609
광서장족자치구	236,300	4,889	2,870	862
해남성	34,000	818	2,923	947
전 체	1,020,700	36,442		

*소득은 2006년 1/4분기 소득임

② 시장 크기

광동성을 제외한 중남지구의 기타 지역은 경제가 크게 발달하지 못했다. 하지만 광동성의 경제가 매우 발달하였으므로 의약품의 경우에는 중남지구의 시장 크기를 중국 전체 시장의 약 20%~25% 정도로 본다.

이 중 광동성이 가장 중요한 시장으로 중남지구 전체 시장의 50%~60% 정도를 차지하며, 호북성과 호남성이 약 30%~35%, 기타 지역이 약 10%~15% 정도를 차지한다고 추정한다.

(*시장 크기에 대한 수치는 추정치로 통계에 근거한 정확한 수치는 아님.)

③ 지역별 주요 시장

지역별 주요시장은 외자 기업의 주 마케팅 지역 범주 내에 속하는 지역들이지만, 그 중 *표가 되어 있는 지역은 일반적으로 시장 진입 초기 3년 이내에 공략하지 않는 소규모 시장이다.

지역	도시명
호북성	무한(武汉)
호남성*	장사(长沙)
광동성	광주(广州), 심천(深圳), 동관(东莞), 불산(佛山), 중산(中山), 혜주(惠州), 조경(肇庆), 강문(江门), 산두(汕头), 주해(珠海), 잠강(湛江), 모명(冒名)
해남성*	해구(海口)
하남성*	정주(郑州)

④ 주요 시장의 특성

i) 호북성

호북성의 성회시인 무한시는 중국대륙의 교통중심지로 동서남북을 잇는 중간 지점에 위치하고 있으며 사통팔달한 수로와 철로 그리고 육로 교통망을 보유하고 있다.

1985년 이전까지는 호북성의 GDP가 중국 전체 4위를 차지할 정도로 경제가 발전한 지역 중 하나였으나, 개혁개방 이후 동부 연해 지방의 빠른 경제 성장에 반해, 내륙에 위치한 호북성은 경제 발전이 느리게 진행되었다.

하지만 호북성은 그 지리적인 이점과 풍부한 인적 자원으로 인하여 일반적으로 대다수의 기업이 내륙지역의 공략 기점으로 삼는 중요한 시장이다.

최근 들어서 호북성의 무한시로 진출하는 외자 기업의 수가 증가하는 것도 호북성의 이런 장점과 무관하지 않으며, 호북성은 추후 내륙지역에서 발전 가능성이 가장 큰 지역 중 하나라고 볼 수 있다.

무한 시내에 있는 백화점 내부 전경

ii) 호남성

호남성은 중국의 유명한 농업지역으로 "鱼米之乡"(어류와 곡식의 고향)이라는 애칭을 갖고 있다.

호남성 사람들은 대체적으로 영리하여 인재가 많이 나는 지역으로도 유명한데, 중화인민공화국의 창시자 모택동의 고향이 바로 호남성의 韶山(소산) 지역이다.

호남성은 내륙지역으로 개혁개방의 혜택을 많이 받지 못한 지역이었다. 하지만, 최근 들어 호남성 정부의 지도 하에, 성회시인 장사시에 설립된 경제개발구를 위시로, 전 성의 여러 지역에 경제개발구를 설립하여 적극적으로 외자 기업을 유치함으로써 상당한 성과를 거두고 있다.

또한, 장사시 근교인 장사현(长沙县)에서는 "一乡一业"˝"一村一品"(한 지역에 한 가지 업종, 한 마을에 한 가지 품종)이라는 슬로건 아래 특화된 농산품을 생산하여 상당한 경제발전 성과를 올리고 있다.

정부 차원의 특별한 지원정책이 없이, 성 정부의 자체적인 노력만으로 최근의 호남성과 같은 경제발전 성과를 올린 지역이 많지 않으므로, 많은 사람들이 호남성의 경제발전을 관심과 기대 속에 주시하고 있다.

호남성의 성회시인 장사시의 시내 전경

iii) 광동성

심천특구를 비롯한 주강삼각주 지역이 소속된 광동성은, 개혁개방 이후 중국경제의 견인차 역할을 하였던 중국경제의 중심지역이다.

90년대 후반부터 상해를 비롯한 장강삼각주의 경제 규모가 커지면서, 그 때까지 줄곧 차지해 오던 경제 1번지의 자리를 내주게 되었지만, 아직까지도 광동성은 중국에서 가장 빠르게 경제가 성장하고 있는 경제의 중심 지역이다.

새로운 문물에 대한 흡입 속도가 빠르고 배타성이 없으며 중국에서 가장 부유한 지역인 광동성은, 중국대륙에서 가장 매력적인 시장이다. 만약, 중국에서 오로지 한 곳만 지정해서 장사를 해야 한다면, 광동성을 택할 사람이 가장 많을 것이다.

광동성 사람들은 매우 실용적인 사고 체계를 갖고 있으므로, 돈 되는 일이면 무엇이든지 다 한다. 따라서 광동성에서는 안 되는 것도 없고, 없는 것도 없다.

개혁 특구 1번지인 심천 시내 전경

또한, 일벌레로 유명한 광동성 사람들은 대부분 열심히 일하며 허풍을 떨지 않고 약속을 잘 지킨다.

이런 점들이 바로 정부의 정책적 지원과 더불어서 광동성이 단시간 내에 고도 성장을 할 수 있었던 원동력이라고 할 수 있다.

iv) 해남성

중국의 하와이로 불리는 해남성은 사계절이 따뜻한 아열대 기후를 갖고 있는 지역으로 중국에서 가장 아름다운 경치와 깨끗한 공기를 자랑하는 곳이다.

해남성은 일찍이 중국에서 가장 큰 특구로 지정되어 신속한 경제발전이 있었으나, 특화된 산업발전을 이루지 못했을 뿐만 아니라, 과도한 부동산 개발로 인한 부동산 거품으로 인하여 경제발전에 커다란 장애를 맞게 되었다.

또한, 해남성은 성 관련 산업과 밀수 등 여러 가지 불량산업의 발달로 인하여 지역의 브랜드 이미지가 실추되었으며, 이는 해남성에서 생산되는 제품의 판매에 치명적인 악 영향을 미치게 되었다.

90년대에는 해남성의 기업설립 절차가 간편한 것을 틈타서 내륙의 수많은 중소기업들이 해남성에서 사업자등록을 하였는데, 이는 "해남성"이라는 브랜드 네임을 실추시키는 또 하나의 병폐가 되기도 했다.

현재 해남성에서 가장 번창하고 있는 사업은 관광업이라고 할 수 있으며, 그 중심지역은 바로 남쪽 끝에 위치한 해변 三亚(삼아)다.

(5) 서남지구(西南地区)

① 서남지구의 개황

소속지역	면적(km²)	인구수(만 명)	평균 주민소득(위안)	
			도시	농촌
중경시	82,000	3,122	3,364	862
사천성	488,000	8,725	2,612	925
귀주성	170,000	3,904	2,506	469
운남성	394,000	4,415	2,655	602
서장자치구	1,220,000	274	2,137	401
전 체	2,354,000	20,440	–	–

*소득은 2006년 1/4분기 소득임

② 시장 크기

서남지구는 직할시인 중경시가 포함되어 있지만, 경제가 전체적으로 발전하지 못한 지역들로 시장의 크기가 크지 않다. 특히 귀주성과 서장자치구는 최고의 빈곤 지역들로 외자 기업들은 거의 진출하지 않는 지역들이다.

의약품의 경우, 서남지구의 시장 크기는 중국 전체 시장의 5% 정도로 추정한다.

서남지구 중에서는 사천성의 시장이 가장 크다고 할 수 있고, 그 다음이 중경시 · 운남성 · 귀주성 · 서장자치구 순으로 볼 수 있다.

(*시장 크기에 대한 수치는 추정치로 통계에 근거한 정확한 수치는 아님.)

③ 지역별 주요 시장

지역별 주요시장은 외자 기업의 주 마케팅 지역 범주 내에 속하는 지역들이지만, 그 중 *표가 되어 있는 지역은 일반적으로 시장 진입 초기 3년 이내에 공략하지 않는 소규모 시장이다.

지역	도시명
중경시*	중경(重庆)
사천성*	성도(成都)
운남성*	곤명(昆明)

④ 주요시장의 특성

i) 중경시

1997년에 직할시로 승격된 중경시는 원래 사천성에 소속되어있던 도시로, 중국의 4대 직할시 중 연혁이 가장 짧은 직할시이자 서부지역 중 유일한 직할시이다.

서부지역개발의 견인차 역할을 기대하며 직할시로 승격된 중경시는, 4대 직할시 중 인구가 가장 많은 반면에 경제가 가장 낙후된 지역이다. 중경시는 전체 인구 3,100만 명 중에 2/3가 농촌인구일 정도로 거대한 농촌을 갖고 있는 도시로, 하나의 도시로 간주하기에는 다소 무리한 면이 있다고 할 수 있다.

중경시는 서부대개발의 중심지역으로 중국 정부에서 중점 개발하는 지역이지만, 빈약한 사회기반 시설과 비대한 농촌인구로 인하여 동부연해 지역에 비해 개발 속도가 비교적 느리게 진행되고 있다.

하지만 서부대개발에 대한 중국 정부의 의지가 강력한 만큼, 중경시의 발전에 가속도가 붙을 것으로 기대된다.

중경 시내 전경

ii) 사천성

매운 요리로 유명한 사천성은 중국경제개발의 아버지 등소평의 고향이기도 하다.

사천성은 풍부한 천연자원을 보유하고 있는 지역으로, 예로부터 "天府之国"(토지가 비옥하고 천연자원이 풍부한 지역)라는 애칭을 갖고 있다. 사천성은 풍부한 천연자원을 보유하고 있음에도 불구하고 서부내륙지역에 위치한 지리적 요인으로 인하여 동부연해 지역에 비해 경제개발이 상당히 늦게 진행되고 있는 지역으로서, 중경시와 함께 서부대개발의 중심지역 중 하나다.

특히 사천성의 성회시인 성도시에는 사천대학과 전자과기대학 등 명문 대학들이 포진하고 있으므로 풍부한 인재와 우수한 과기능력을 보유하고 있다.

성도시의 이런 매력으로 인하여 최근 상당수의 거대 외자 기업들이 상해 및 동부연해지역에 있는 생산기지를 성도시로 이전하는 등 외자

성도 시내 전경

기업들의 진출이 눈에 띄게 증가하고 있으며, 성도시의 이런 선전으로 인하여 사천성은 현재 서부지역에서 가장 빠른 경제발전을 하고 있는 지역 중 하나로 손꼽히고 있다.

iii) 운남성

운남성은 미얀마, 라오스, 베트남 등과 경계를 하고 있는 남쪽의 변경 지역으로서 중국과 남아시아 지역과의 통로 역할을 하는 지역이다. 운남성은 또한 소수민족의 거주 비율이 높은 지역으로서 25개의 소수민족이 광범위하게 거주하고 있다.

운남성은 아열대와 열대 고온성 계절풍 기후대에 속하는 지역으로, 동절기와 하절기의 온도차이가 크지 않아서 사계절이 봄과 같으며, 이로인해 운남성의 성회시인 곤명(昆明)시는 춘성(春城)이라는 애칭을 갖고 있다.

곤명에서 개최된 세계 원예 박람회

운남성은 기후 특성상 많은 종류의 농식물을 재배하고 있으며, 그 중 가장 유명한 것으로는 버섯류와 연초류의 재배다.

따라서 운남성의 대표적인 요리 중 하나가 야생버섯요리이며, 홍탑산(红塔山)을 비롯한 중국의 유명 담배 중 십여 종이 운남성에서 생산되고 있다.

운남성은 관광지로서도 유명한데, 성회시인 곤명과 따리(大理) · 시쌍반나(西双版纳) · 리쟝(丽江) · 샹그릴라(香格里拉) 등은 서구인들이 가장 선호하는 관광지들로 손꼽힌다.

하지만 운남성은 성회시인 곤명시를 비롯한 전체 지역에서 인적 자원이 희박하여 산업이 크게 발달하지 못했으며, 전체적인 경제력은 중하위권에 속한다.

(6) 서북지구(西北地区)

① 서북지구의 개황

소속지역	면적(km²)	인구수(만 명)	평균 주민소득(위안)	
			도시	농촌
섬서성	205,000	3,705	2,635	727
감숙성	450,000	2,619	2,307	524
청해성	720,000	539	2,177	573
녕하회족자치구	66,400	588	2,449	768
신강위구르 자치구	1,600,000	1,963	2,288	614
전 체	3,041,400	9,414	–	–

*소득은 2006년 1/4분기 소득임

② 시장 크기

서북지구는 중국에서 가장 빈곤한 지역들로, 일반적으로 외자 기업들이 크게 신경 쓰지 않는 지역들이다. 서북지구가 차지하는 면적은 중국 전체 면적의 $^1/_3$ 에 달하지만, 인구는 $^1/_{10}$도 채 되지 않으며, 경제력은 3%에도 미치지 못한다.

서북지구는 시장의 크기가 작을 뿐만 아니라, 지리적으로도 주요 시장인 동부 연해 지역과 멀리 떨어져 있으므로, 판촉 및 관리 등 여러 면에서 불편하다. 또한, 관리 및 출장 경비 등 제반 경비의 지출이 많으므로, 기타 시장이 완전한 성숙 단계에 접어들기까지는 진출하지 않는 것이 바람직하다고 할 수 있다.

서북지구의 시장 크기는 일반적으로 중국 전체시장 크기의 3% 정도로 추정한다.

서북지구 중에서는 섬서성이 가장 큰 시장이라고 볼 수 있고, 그 다음이 감숙성 · 신강위구르자치구 · 녕하회족자치구 · 청해성 순으로 볼 수 있다.

(*시장 크기에 대한 수치는 추정치로 통계에 근거한 정확한 수치는 아님.)

③ 지역별 주요 시장

서북지구에서 외자 기업의 주 마케팅 범주 내에 속하는 지역은 섬서성의 서안시 밖에 없다. 하지만 서안시 역시 일반적으로 시장 진입 초기 3년 이내에는 공략하지 않는 소규모 시장이다.

지역	도시명
섬서성*	서안시(西安)

④ 주요 시장의 특성

i) 섬서성

섬서성은 중국에서 역사가 가장 깊은 지역이다. 섬서성의 성회시인 서안은 진나라와 한나라, 그리고 당나라를 비롯한 중국의 12개 왕조의 수도였던 곳으로서, 당나라의 수도 장안이 바로 이 곳이었다. 한나라와 당나라 시절에 서안은 중국의 정치 · 경제 · 문화의 중심이었으며, 당시 인구가 이미 백만 명을 초과한 국제적 대도시였다.

"동쪽에는 로마가 있고, 서쪽에는 장안이 있다."라는 말로 대변되는 세계 역사 속의 중요한 위치를 차지하고 있는 서안은, 아테네 · 카이로 · 로마와 함께 세계 4대 문명고도로 일컬어지기도 한다.

유구한 역사의 중심에 있던 서안에는 진시황제의 묘와 양귀비의 거처 등의 수없이 많은 관광자원이 있다. 섬서성 전체에 약 1,800여 개의

섬서성의 가장 대표적인 유적지인 진시황묘

관광지가 있으며, 이 중 국가급 관광지에 속하는 곳만 해도 38개소나 된다.

이러한 풍부한 관광자원으로 인하여 관광산업은 섬서성의 중요한 수입원이 되고 있으며, 섬서성을 방문하는 국제 관광객의 수는 대외개방 이 후 20여 년 동안 연평균 24%의 증가율을 자랑한다.

찬란한 역사와는 달리, 농업을 위주로 하는 섬서성은 경제가 비교적 낙후되었다. 하지만 서안교통대학이나 서북공업대학 등을 비롯하여 많은 명문대학들이 소재해 있는 섬서성은 서북지역에서 인적 자원이 가장 풍부한 지역으로서, 서부대개발과 함께 적극적으로 추진하고 있는 경제개발 정책으로 인하여 최근에 빠른 경제 성장을 보이고 있다.

제3장 중국 내의 마케팅

현대는 마케팅의 시대다. 어떻게 마케팅을 하느냐에 따라 사업의 성공과 실패가 결정된다. 사업의 성공에 있어서 마케팅은 제품의 기본 품질보다 더욱 중요한 요소가 된다고 할 수 있다. 아무리 좋은 제품이라도 적절한 마케팅이 뒷받침되지 않으면 성공하기 어렵지만, 그보다 못한 제품이라도 적절한 마케팅에 의해 크게 성공할 수 있기 때문이다.

마케팅 업무에 종사하는 대부분의 사람들은 마케팅 이론을 공부하는 데 많은 시간을 투자한다. 마케팅 이론을 통해 마케팅의 기본을 이해하고 최신 기법들을 습득한다. 하지만 많은 시간을 투자해 습득한 최신 이론과 기법들을 효과적으로 실전에 적용시키는 것은 그리 간단한 일이 아니다. 왜냐 하면, 마케팅 이론을 적용시켜야 하는 시장의 상황은 끊임 없이 변화하고 있으며 수없이 많은 예측 불허의 요소들이 존재하고 있기 때문이다.

마케팅에는 정답이 있을 수 없다. 기업의 브랜드 인지도 · 자금력 · 시장 상황 · 법 규정 · 경쟁 제품의 상황 · 시장 진입 시기 등 해당 시점의 제반 조건에 따라 선택해야 하는 마케팅 방법이 달라지며, 그 밖의 다른 조건이나 상황에 의해서도 달라질 수 있기 때문이다.

따라서 수없이 많은 마케팅 방법 중에서 어떤 방법을 선택하여 어떤 순서로 진행하는 것이 가장 좋은 방법인지는 아무도 장담할 수 없다.

모든 객관적인 조건에서 비슷한 우위를 지닌 두 제품이 비슷한 방법으로 마케팅을 하는 경우에도 종종 그 중 한 제품만 성공하는 경우를 어렵지 않게 찾아볼 수 있다. 이는, 제품의 성공적인 마케팅을 이루기 위해서는 비단 마케팅 방법의 선택뿐만 아니라, 그 방법을 집행하는 시기와 완성도, 그리고 일을 집행하는 사람의 열정 등 세부적인 조건이 더욱 큰 영향을 미친다는 것을 반증하는 일이라고도 할 수 있다.

필자는 마케팅에 있어서 가장 중요한 근본적인 조건은 제품과 시장 상황에 대해 객관적으로 바라보고 분석할 수 있는 시각과 변화하는 시장 상황에 따라 빠르게 대처할 수 있는 신속한 대처 능력이라고 생각한다.

해당 시점에서의 모든 조건과 상황에 대해 객관적인 시각으로 분석하고 그에 따른 기본 방향을 정해 놓고 진행하되, 제반 조건과 상황의 변화에 따라 탄력적으로 방법을 달리하여 대처할 수 있는 유연성이야말로 성공하는 마케팅의 기본 조건이다.

특히 중국과 같이 시시각각 변화하는 시장 상황에서는 이런 객관적인 시각과 신속한 대처 능력이 절실하게 요구된다. 광속으로 변화하고 있는 중국의 시장 상황에서는 언제든지 오늘의 정답이 내일의 오답이 될 수 있기 때문이다.

최근 중국으로 진출하는 기업이 증가함에 따라 중국 시장에서의 효과적인 마케팅 방법을 터득하기 위해 많은 기업들이 노력하고 있다. 그렇지만 중국시장에서의 마케팅 역시 정답은 없다. 진출하는 기업의 브랜드 인지도와 자금력, 그리고 제품의 종류와 품질을 비롯하여 진출하는 시점의 시장 상황 등에 따라 마케팅 방법은 달라질 수밖에 없기 때문이다. 하지만 한 가지 분명한 사실은 중국 시장이라고 해서 기존의 마케팅 이론을 벗어난 특별한 마케팅 방법이 필요한 것은 아니라는 사실이다. 중국 시장에서의 마케팅 역시 기본에 충실한 방법, 즉 객관적인 시각에 의한 철저한 분석과 해당 시점의 제반 조건에 걸맞는 마케팅 방법의 선택, 그리고 신속한 대처 능력이 요구될 뿐이다.

하지만 중국 시장은 한국과는 상당히 다른 시장 구조를 갖고 있으므로, 중국 시장에서의 마케팅을 위해서는 기본적으로 알고 있어야 하며, 주의해야 할 사항들이 있다. 제3장에서는 중국 시장에서의 마케팅을 진행함에 있어서, 반드시 알아 두어야 하는, 몇 가지 기본적인 사항들에 대해 설명하고 그 중요성을 상기시키고자 한다.

광속으로 변화하는 중국시장의 대표적인 도시 상해의 중심가 "화이하이루"

1. 사업 거점

한국에서 사업을 하는 외자 기업들은 대부분 서울에 사업거점을 둔다. 그 이유는 서울이 한국의 수도이자 가장 큰 시장이기 때문이다. 사업을 하는 데는 여러 가지 조건이 필요한데, 그 중에서도 가장 중요한 것이 바로 사람과 정보이다. 그런데 이 조건은 대개 가장 큰 시장에서 만이 충족될 수 있다. 따라서 한국에 진출하는 외자 기업들은 공장을 한국의 어느 지역에 설립하든지 상관없이 그들이 원하는 우수 인재를 확보하고 필요한 정보를 실시간 수집할 수 있는 서울의 중심부에 사업거점을 둔다.

이러한 관점에서 볼 때, 중국에 진출하는 한국기업들도 중국에서 가장 큰 시장에 사업 거점을 두는 것이 당연한 이치일 것이다. 하지만 이상하게도 중국에 진출한 상당수의 한국기업들은 이런 당연한 이치를 따르지 않고 있다.

중국에서 사업거점의 설립지로 가장 각광 받고 있는 도시 상해의 사무실 밀집지역 '루자쥐이'

(1) 절대로 공장 부지 내에 사업 거점을 두지 말라

중국에 진출한 한국기업들 중 상당수 기업들이 공장 부지 내에 사업 거점을 둔다. 이렇게 하는 주된 이유는 사무소 운영 비용을 절감하기 위함이다. 하지만 이것은 빈대 잡으려고 초가삼간을 태우는 것보다 더 우매하고 어리석은 일이라고 할 수 있다.

어느 나라나 공장은 대개 시내와는 멀리 떨어진 지역에 설립되도록 되어 있다. 한국에서도 공장은 특정한 공단지역에 설립되는 것이 대부분이다. 그 때문에 한국에서 사업하는 기업 중 아주 소규모 기업을 제외하고는 대부분 공장과 사업거점은 분리되어 있다. 공장은 생산 기지로서의 역할을, 그리고 흔히 본사로 지칭되는 사업거점은 영업을 위한 모든 업무를 진행하는 곳으로서 각기 역할 분할을 매우 분명하게 하고 있다.

상해 푸동지역의 유명한 공단지역인 "장강고과기원구"내에 있는 "lenovo"사 전경

이 두 가지 업무는 업무의 특성상 소재지가 분리될 수밖에 없으며, 만일 한 곳에 모여 있다면 그것은 매우 영세한 기업이거나 특별한 영업활동을 필요로 하지 않는 기업일 것이다.

중국에 진출한 한국기업들은 대부분 중국의 특정 지역 개발구에 공장을 설립하는데, 개발구의 상당수가 낙후된 지역이나 소도시에 있고 또 낙후된 지역이 아니라고 할지라도 개발구와 그 지역의 중심가와는 상당히 멀리 떨어진 경우가 대부분이다. 이런 곳을 사업 거점으로 삼을 경우, 다음과 같은 문제점들이 발생한다.

① 우수 인력 확보 문제

중국은 거대한 인구 수에 비해 외자 기업이 필요로 하는 우수 인력은 그리 많지 않다. 또한 우수 인력의 대부분은 상해나 북경같은 대도시에 편중

상해 시내의 외국인 밀집 지역인 구베이 지역

되어 있다. 따라서 소도시나 낙후된 지역에 사업거점을 설립할 경우, 우수 인재의 확보가 매우 어렵다.

현재 중국의 낙후된 지역에 설립된 중국 국영기업들은 우수 인재의 유치를 위해 엄청난 물질적 공세를 펼치고 있다.

중국의 명문대학을 졸업하고 외국의 대학에서 석 · 박사학위를 취득한 사람에게는 아파트를 무상으로 제공하고 수십만 위안의 연봉을 지급하는 등 파격적인 대우를 조건으로 내걸고 우수 인재 유치에 혈안이 되어 있다.

하지만 그럼에도 불구하고 원하는 인재를 구하기가 쉽지 않다고 한다. 우수인재 대부분은 연봉이 적고 대우가 좀 나쁘더라도 상해나 북경과 같은 대도시에서 근무하기를 희망한다. 중국과 같이 지역적 발전 편차가 심한 나라에서는 어느 곳에서 근무하느냐에 따라 개인적인 발전 속도 역시 엄청나게 많은 영향을 받기 때문이다.

중국에 진출한 상당수 한국기업들이 성공하지 못하는 주요요인 중 하나가 바로 중국의 우수 인재 유치에 실패했기 때문이라고 본다. 많은 한국기업들은 사업거점의 소재지가 어디에 있든지, 또한 밖으로 보여지는 기업의 이미지가 어떻든지 상관없이, 단지 한국기업이라는 이유 하나만으로 중국의 우수 인재를 유치할 수 있을 것이라고 여긴다. 하지만 현실은 그렇지가 못하다.

중국에는 전세계의 수많은 기업들이 진출해 있고, 그들 대부분은 중심도시의 중심지역에 매우 훌륭한 인테리어를 갖추고 있는 사무소를 갖고 있으며, 한국기업들이 제시하는 조건보다 훨씬 좋은 조건을 제시하며 중국의 우수 인재들을 유혹하고 있다. 따라서, 한국기업들도 중국에서 우수 인재의 유치를 원한다면 그에 상응하는 준비를 하여야만 한다. 그렇지 않다면 우수 인재의 유치는 불가능하다.

필자는 중국에서의 인재 유치의 어려움을 그 누구보다 많이 경험했던 사람이다. 필자는 1995년에 한미약품의 초대 지사장으로 북경에 파견되었는데, 당시 한미약품 북경지사의 직원으로는 개발업무를 담당하는 조선족 여약사 한 명뿐이었다. 당시에는 외국기업이 사무소를 설립할 수 있는 곳이 매우 제한적이었기 때문에, 한미약품은 조양구에 있는 4성급 호텔의 사무실 한 칸을 임대해서 지사를 설립했다.

그런데 이 지사 사무소의 크기가 얼마나 작았던지, 겨우 책상 4개를 간신히 배치할 수 있을 정도의 크기였다. 그 작은 사무실에 지사를 설립하고 영업을 시작했는데 영업에 필요한 영업직원을 채용하는 것이 문제였다.

당시 중국에는 의사 출신으로서 제약 영업을 하는 사람이 많이 있었는데, 이는 당시 중국의 병원에서 주는 급여가 제약회사의 급여에 비해 현저히 적었기 때문이었다. 제약영업은 제품에 대한 이해도나 영업의 과정 등 여러 가지 면에서 볼 때, 일반인들이 하는 것보다는 의사 출신들이 하는 것이 훨씬 유리하다. 따라서 필자도 의사출신의 영업직원들을 영입하기를 시도하였는데 이 것이 그렇게 쉽지가 않았다.

당시 중국의 인재들은 기업을 선택할 때 단순히 급여나 복지 등 당장의 이익보다는 해당 기업의 규모와 발전 가능성을 매우 중요시했는데, 당시만 해도 인터넷이 보편화되어 있지 않아서 입사를 지원한 기업에 대한 정보를 얻기가 쉽지 않았다. 그러므로 본국에 있는 해당 기업 본사의 인지도와 중국에 있는 지사의 규모 등을 참고로 하여 기업을 선택했다.

그런데 한미약품은 당시 한국 제약업계에서 10위권 안에도 들지 못하는 중소기업이었고, 북경에 있는 지사 사무소도 초라할 만큼 작았을 뿐만 아니라, 지급할 수 있는 급여나 기타 복지 면에서도 중국에 진출해 있던 수많은 다국적기업들과 비교할 때 우수 인재를 유치하기에는 상대적으로 불리한 조건이었다.

필자는 궁리 끝에 우수인재 유치를 위한 기업홍보 자료 및 제품홍보 자료를 작성하여 면접 지원자들 중 마음에 드는 사람들에게는 자사에 대한 홍보와 함께 제품에 대한 홍보를 하였다.

"우리 기업은 현재 일류 기업이 아니지만 우리의 제품은 세계 최고 수준의 제품으로서, 현재 중국의 상황으로 볼 때 우리가 함께 노력하면 머지않아서 우리는 곧 세계적인 기업이 될 것이다. 그렇다면 당신은 그 신화의 주인공이 될 것이며, 그 성공의 열매는 반드시 같이 나눌 것이다."

필자의 이런 기업홍보 작전으로 1기 영업 및 마케팅 사원 10명 대부분을 의사 출신으로 채용할 수 있었고, 이는 한미약품의 중국시장 공략에 밑거름이 되었다. 그 후 한미약품은 1996년 말까지 전국적으로 백여 명의 영업사원을 채용하였는데, 그 중 80% 정도가 의사 또는 약사 출신이었으며 직원 채용을 위한 필자의 홍보작전은 그때까지도 계속되었다.

인재 없이는 사업의 성공을 기대할 수 없다. 아무리 좋은 기획안과 충분한 자금의 지원이 있다고 하여도 그것을 현장에서 실현시켜 줄 수 있는 인재가 없다면 결코 사업을 성공시킬 수가 없다. 특히 중국시장에 막 진출하여 사업기반이 전혀 없는 기업들은, 기업의 사업기반을 튼튼히 닦아 줄 수 있는 우수한 인재가 절실히 필요하다. 그러기 위해서는 그들을 유혹할 수 있는 적당한 투자가 반드시 선행되어야 한다.

② 시장 정보수집, 실시간 상황 파악 문제

중국은 하나의 나라라고 보기에는 지역적 편차가 매우 심하다. 지역마다 판매되고 있는 제품도 다르고 시장상황도 많이 다르다. 상해나 북경 시장에는 중국에서 판매되는 거의 모든 제품, 특히 한국기업들의 경쟁제품이 될 만한 모든 제품들이 판매되고 있으므로 경쟁사의 상황이나 시장의 전체적인 흐름을 실시간 파악할 수 있다. 하지만 길림성이나 흑룡강성의 어느 시골 마을에서는 상해나 북경에서 판매되고 있는 상당수의 제품들을 구경조차 하기가 힘들다. 따라서 만약 길림성이나 흑룡강성의 어느 시골 마을에 사업거점을 둔 기업이라면 상해나 북경 시장을 공략하는 것은 성공 가능성이 매우 희박한 일이라고 할 수 있다.

지역에 따른 중국시장의 환경 편차는 한국인들이 생각하기 힘들 정도로 크다. 의약품을 판매하는 중국의 판매상들 중에는 오직 오지나 시골의 소도시들만을 대상으로 영업을 하는 판매상들이 있다. 그들의 영업방법은 도시에서의 판매방법과는 완전히 다른 방법, 대도시에서는 전혀 통할 수 없는 방법으로 영업을 한다. 하지만 대도시를 위주로 영업을 하는 판매상들은 오지나 소도시에서의 영업에서 그들을 이길 수가 없다. 그것은 중국의 대도시와 소도시의 시장상황이 그만큼 다르기 때문이다.

필자가 직접 방문했던 한국기업들 중에는 상당히 낙후된 소도시에 공장을 설립하고, 그 공장 내부에 사업거점을 두고 있는 기업들이 여럿 있었다. 그들은 외딴 지역에 설립된 공장 사무실 한 켠에서 상해나 북경과 같은 대도시에는 가본 적도 없는 시골 출신의 순진무구한 영업직원들에게 의지하여 거대한 중국시장을 장악하기를 열망하고 있었다.

그것은 강원도 산골 깊숙한 곳에 틀어박혀 있으면서 한국 시장을 장악하기를 바라는 것보다 몇 백 배나 더 무모하고 순진한 발상이라고 할 수밖에 없다. 필자가 그들에게 사업거점을 중심도시로 이전할 것을 권유했을 때, 그들은 모두 이렇게 질문하였다.

"사업거점을 꼭 상해나 북경 같은 대도시에 두어야 할 이유라도 있습니

까? 어차피 영업이 안 돼서 사무실 운영비도 안 나오는데, 여기에서 그냥 운영하는 것이 경비도 줄이고 더 좋지 않나요?"

정말 답답한 일이 아닐 수 없었다. 사무실 운영비가 아까워서 시골 구석에 틀어박혀 있을 거라면 아예 중국에 진출하지를 말았어야 할 것이다.

적게는 몇 백만 불이고 많게는 몇 천만 불의 자금을 투자해서 공장을 지어놓고 겨우 사무실 운영비가 아까워서 중심도시 근처에는 가보지도 않는다는 것은 정말 어처구니가 없는 일이 아닐 수 없다.

사무실 운영비를 절감하려고 시골에 은둔해 있는 동안 공장의 시설은 속절없이 낡고, 아무런 소득도 없는 공장 운영비는 지출되며, 중국 시장의 상황은 하루가 다르게 변화하여 성공으로부터 점점 더 멀어지게 된다는 사실을 깨달을 필요가 있는 것이다.

필자가 근무했던 녹십자(중국)생물제품유한공사도 필자가 근무하기 전까지는 안휘성의 소도시인 회남시의 공장 한 켠에 영업거점을 설립하고 그 지역 출신의 시골 청년 몇 명에 의지하여 매우 소극적인 영업을 하고 있었다. 필자는 그 회사의 영업마케팅 총괄책임자로 부임함과 동시에, 시골 공장 한 켠에 있던 영업거점을 상해 중심부에 위치한 멋진 인테리어 장식의 사무소로 이전하여 공격적인 영업을 위한 새로운 시작을 준비하였다.

기업이 투자를 결정하는 시점부터 경비는 발생하고 적자가 나기 시작한다. 그 적자를 흑자로 전환시킬 수 있는 유일한 방법은 바로 지출을 능가할 수 있는 만큼의 매출을 창출하는 것이다. 매출이 발생하지 않는 한, 아무리 지출을 줄인다고 하여도 흑자로 전환될 수는 없다. 오직 지출을 줄이기 위한 목적으로 매출과 연결이 되지 않는 소극적인 영업을 하는 것은 결국에 자본금의 전부를 소진할 수밖에 없는 상황을 초래하게 된다.

중국에 진출한 한국기업들은 경비를 절감한다는 미명하에 중국의 오지나 시골의 소도시에서 시간 낭비를 할 것이 아니라, 적극적이고도 공격적인 자세로 중국의 중심도시들을 위주로 공략하여야만 성공의 열매를 거둘 수가 있다. 이를 위한 첫 걸음이 바로 중국의 가장 발달된 도시 중의 한 곳에 사업거점을 설립하는 것이다.

③ 이미지 확립 문제

중국에서는 한국기업이든 미국기업이든 모두 같은 외자 기업이다. 중국인들이 외자 기업에 대해 갖고 있는 선입견은 대개 구미각국의 기업과 다국적기업의 이미지에 의해 형성된 것으로서, 외자 기업은 중국내자 기업에 비해 좀 더 세련되고 부유하다는 생각을 갖고 있다.

중국에 진출한 다국적기업과 구미각국의 기업들은 대부분 중심도시의 중심지역에 매우 세련되고 멋진 사업거점을 갖고 있기 때문에, 당연히 한국기업도 그래야 한다고 생각한다. 따라서 제대로 된 사업거점도 없이 오지에 설립된 공장내부에 사업거점을 두고 있다면, 중국의 파트너와 거래처, 그리고 직원들까지도 그 기업을 무시할 수밖에 없게 될 것이다.

많은 한국인들이 중국인들은 실용적인 성향이 강하므로 모든 것에 검소하고 사치를 부리지 않을 것이라고 생각한다. 하지만 이 또한 선입견에 의한 오해다. 중국기업 중 다소 규모가 있는 기업들은 기업의 얼굴 격인 총경리의 집무실이나 자동차 등 외부에 나타나는 조건에 매우 신경을 쓴다. 그 들은 이것이 회사의 체면이라고 생각한다.

최근에 새로 건축된 공장이나 사무소의 경우에는 내부 인테리어에도 많은 신경을 쓴다. 현재 상당수 중국회사들의 인테리어 수준은 중국에 진출한 한국기업들의 수준을 능가한다.

사업의 성공을 위해서는 여러 가지 요소가 필요하다. 그 중 하나가 상대방을 제압하고 상대방에게 믿음을 주는 것이다. 기업과 거래를 하는 거래처 또는 파트너, 심지어 기업이 채용하고 있는 직원들에게도 기업을 무시하지 않고 신뢰할 수 있는 믿음을 심어 주는 것이 필요하다.

의관이 단정치 못한 사람보다는 의관이 단정한 사람에게 더 믿음이 가듯이, 변변한 사무실도 없는 기업보다는 번듯한 사무실을 갖고 있는 기업에게 더 믿음이 가는 것은 당연한 이치인 것이다.

(2) 최적의 사업거점 설립지

그 동안 중국에 진출한 한국기업들은 대부분 중국의 북부 지역에 편중되어 있으며, 그것은 크게 세 가지 이유 때문이라고 할 수 있다.

첫째, 중국의 북부지역이 한국과 지역적으로 인접해 있기 때문이다. 인천과 마주하고 있는 산동성과 천진에 가장 많은 한국기업이 진출해 있는 것이 바로 이런 이유 때문이다.

둘째, 수도인 북경이 북부에 있기 때문이다. 한국은 정치, 경제, 문화의 중심지가 수도인 서울이다. 따라서 중국에 진출하는 한국기업들은 중국의 수도 북경으로 진출하는 것이 가장 좋은 선택이라고 믿고 있다. 하지만 현대 중국의 경제중심은 수도인 북경이 아니라 남부 지역에 위치한 광동성과 상해지역이다.

셋째, 한국어를 구사하는 조선족의 주 거주지역이 동북 3성이기 때문이다. 이전에는 중국어를 구사할 줄 아는 한국인의 수가 극히 적었으므로, 한국기업이 중국사업을 진행하는 데 있어서 조선족 교포들의 언어적 도움이 절대적으로 필요하였다. 따라서 그들을 쉽게 채용할 수 있는 북부지역으로 편중되기도 하였다.

상해 시내의 주요 상업 지역 중 하나인 쉬자훼이 지역

이런 이유들로 인하여 주로 중국의 북부지역에 편중될 수밖에 없었던 한국기업들은 중국의 내수사업을 진행함에 있어서 기본적으로 매우 불리한 조건이었다고 할 수 있다.

개혁개방 이후 중국의 경제는 주로 남부 지역을 위주로 발전하였다. 개혁개방 초기인 80년대와 90년대 중반까지는 개혁특구 1번지인 광동성의 심천시를 위시한 광동성이 중국 경제의 중심지역이었다. 따라서 많은 외자 기업들은 수도인 북경과 광동성의 광주시 두 곳에 사업거점을 두었다.

하지만 90년대 후반에 들어서면서부터 중국경제의 중심지는 광동성에서 상해를 위시한 장강삼각주 지역으로 이동하였다.

따라서 현재 중국에 진출해 있는 대부분의 외자 기업들은 북경시와 광주시에 있던 사업거점을 상해시로 이동하고 있다. 중국에 진출해 있는 세계 500대 기업 중 400대 기업 이상이 상해에 사업거점을 두고 있다. 이는 중국 경제에서 상해가 차지하는 중요도를 간접적으로 나타내 주는 징표라고 할 수 있다.

아직까지도 한국기업들은 북경에 사업거점을 두는 것을 선호하는 경향이 있다. 그것은 북경이 중국의 수도이고, 대부분의 한국기업들이 북경을 위시한 북부 지역에 편중되어 있을 뿐만 아니라, 실리적인 성향이 강한 남부 사람들에 비해 북경인들의 기질이 한국인들과 더욱 유사하기 때문이기도 하다.

북경은 중국의 수도이자 가장 큰 시장 중의 하나이지만, 현대 중국의 경제발전사에 있어서 중국경제의 중심이 된 적은 한 번도 없었다. 그 이유는 북경을 둘러싸고 있는 주변지역들의 경제발전 속도가 느리게 진행되고 있기 때문이다.

지금 중국으로 진출하는 한국기업들은 가능한 한 상해에 사업거점을 설립하는 것이 바람직하다. 상해는 중국 최대의 경제구역인 장강삼각주의 핵심지역으로서 상해뿐만 아니라 인접해 있는 강소성과 절강성 모두 중국에서 경제가 가장 발전한 지역이며, 또한 동부 연해지역 남북의 중앙 부위에 위치하고 있으므로 중국의 경제발전 지역이 편중되어 있는 동부 연해지역으로의 진출과 관리에 있어서 지리적으로 가장 적합한 위치에 있기 때문이다. 이런 이유들로 인하여 상해는 중국 내수시장 공략에 있어서 가장 이상적인 사업거점 설립 지역이라고 할 수 있다.

(3) 영업 본부는 가능한 중심도시의 중심지역에 설립하라

한국에서는 어떤 기업의 영업 본부가 시내 중심가에 있든지 또는 변두리 지역에 있든지 그 기업의 이미지 형성에 큰 영향을 미치지 않는다.

물론, 강남 테헤란로에 위치한 영업사무소가 강북의 변두리 지역에 위치한 영업사무소보다는 좀 더 멋져 보이기는 하지만 그것 자체가 해당 기업의 사업 규모를 직접적으로 나타내는 것은 아니라는 사실을 잘 알고 있기 때문이다. 실제로 많은 유명기업의 본사 사무소 또는 영업 본부는 중심 지역 이외 지역에 위치하고 있고, 테헤란로에 위치한 기업 중 상당수가 신생 소기업인 것도 그런 사실을 입증하고 있다.

하지만 중국에서는 기업의 사업 거점 또는 영업 본부의 소재지와 인테리어 수준이 해당 기업의 이미지를 형성하는 데 상당한 영향을 미친다.

이것은 중국 내자 기업에게는 크게 해당되지 않고 외자 기업에게만 해당되는 사항으로, 중국의 시장 발전 역사와 관계가 깊다.

90년대까지만 해도 중국은 외국인이 거주할 수 있는 주택이나 외국기업이 입주할 수 있는 사무소를 제한하고 있었다.

고급 사무실 빌딩이 즐비한 상해의 중심가 화이하이루

호텔의 급수로 치자면 적어도 3성급 이상은 되어야 외국인이 입주할 수 있는 허가가 떨어졌다. 그러다 보니, 일정한 개발이 진행된 지역으로 외자 기업과 외국인들이 편중되었는데, 이는 자연히 소재지에 따라 외자 기업의 재정규모를 가늠하게 되는 하나의 척도가 되었다.

가장 번화하고 임대료가 비싼 A지역에 위치한 기업은 대기업 또는 다국적기업, 그리고, A지역보다 좀 저렴한 B지역에 위치한 기업은 그보다 사업 규모가 작은 기업, 이런 식으로 그 기업의 사업 거점 또는 영업사무소의 소재지는 그 기업의 사업규모를 가늠하는 하나의 기준이 되었다.

물론, 이는 중국 내에서 아직 지명도가 없는 기업에만 해당되는 것이므로, 해당 기업이 중국에서 성공하여 지명도가 높아지면 크게 신경 쓰지 않아도 되는 부분이다. 하지만 신생 기업인 경우에는 가능한 한 조금은 고급스러워 보이는 지역에 사업거점이나 영업본부를 설치하는 것이 기업의 초기 이미지 형성에 많은 도움이 된다.

삼성이나 LG처럼 세계적으로 유명한 기업이 아닌 이상, 중국에서 사업을 처음 시작하는 시기에는 유통업체나 대리점 등 거래 파트너에게 해당 기업에 대한 신뢰를 주기가 쉽지 않다. 하지만 번듯한 사업 거점이나 영업본부를 갖고 있을 경우에는 사업 파트너나 거래처에게 신뢰감을 주는 데 많은 보탬이 된다. 일반적으로 사람들은 기업의 규모가 크고 재정 상태가 좋은 기업이라고 판단될 경우에 우호적이다.

따라서 번화가에 인테리어가 훌륭한 사무소를 설립하는 것은 사업 초기에 있어서 가장 중요한 마케팅 방법 중 하나라고 생각한다.

2. 중국어 상품명

(1) 중국어 상품명 작성의 기본 원칙

한국인들이 중국에 대해서 이야기할 때 매우 흥미롭게 생각하는 것 중 하나가 바로 외국제품명에 대한 중국식 표기법이다. 그 중 가장 대표적인 것이 바로 코카콜라의 중국어 상품명인 "可口可乐" 이다. 한국어로 "가구가락"으로 발음되는 코카콜라의 중국어 상품명은 코카콜라를 중국어 발음대로 표기한 것으로, 중국어 발음으로는 "크어코우크어르어"이며 "입맛에 맞는 콜라"라는 뜻을 갖고 있다.

중국인들이 코카콜라를 원어 발음 그대로 부르지 않고 한국인들이 볼 때 좀 우스꽝스러운 중국식 발음으로 부르는 것은 중국어의 발음 표기상의 한계 때문이다. 영어나 한국어와는 달리, 중국어는 발음 기호의 조합에 의해 이루어진 문자가 아니기 때문에 기본적으로 외래어를 원음 그대로 표기할 수 없다.

따라서 외래어를 표기할 때는 외래어 발음과 가장 유사한 중국 글자를 골라서 표기하게 되는데, 이렇게 중국식으로 표기하는 외래어의 발음은 원음과 유사성은 있지만 동일하다고 보기는 어려운 경우가 많다.

맥도날드의 중국 상표명은 "麦当劳", KFC의 중국 상표명은 "肯德基"이다.

상품명에 대한 중국 정부의 규정을 보면 "중국 내에서 판매되는 모든 상품은 외부 포장에 반드시 중국어 상품명을 기재하여야 하며, 수입품인 경우에는 원 상품명과 중국어 상품명을 동시에 기재하되, 중국어 상품명의 발음은 가능한 한 원 상품명의 발음과 비슷하여야 한다."라고 규정하고 있다. 따라서 중국 내에서 판매하고자 하는 모든 제품은 중국 정부의 규정에 따라 가능한 한 원음 발음과 유사한 중국어 상품명을 만들어야 한다.

(2) 기억하기 쉬운 상품명이 좋다

중국인들이 외래어를 표기할 때는 원어의 발음과 비슷한 발음을 가진 문자를 기본으로 하되, 가능하면 뜻이 좋고 중국어로 발음하기도 편한 단어로 조합하기를 선호한다. 상품명도 이와 같은 관습에 의해 가능한 한 좋은 뜻을 가지며 발음하기 좋은 이름을 상품명으로 선택하게 된다. 하지만 경우에 따라서는 별 뜻이 없는 단어를 조합하기도 하는데, 이는 중국인들이 조합된 단어의 뜻보다는 발음을 더 중요하게 생각하기 때문이다.

상품명의 근본적인 기능은 상품을 소비자에게 쉽게 각인시키는 것이다. 따라서 뜻은 좋지만 발음이 어려워서 소비자가 기억하기 힘든 상품명보다는, 별 뜻은 없지만 발음이 좋아서 소비자가 기억하기 좋은 상품명이 더 좋은 상품명이라고 할 수 있다. 물론, 최상의 상품명은 뜻도 좋고 발음도 좋은 상품명일 것이다.

그 대표적인 예로, 한국에서 "메디락비타"라는 상품명으로 판매되고 있는 한미약품의 어린이 정장제를 들 수 있다. "메디락비타"의 중국어 상품명은 "妈咪爱"인데 "어머니의 사랑"이라는 뜻으로 중국어 발음이 "마미아이"이다.

이 제품은 중국 시장에서 매우 성공하여 어린이 정장제 부문에서 선두

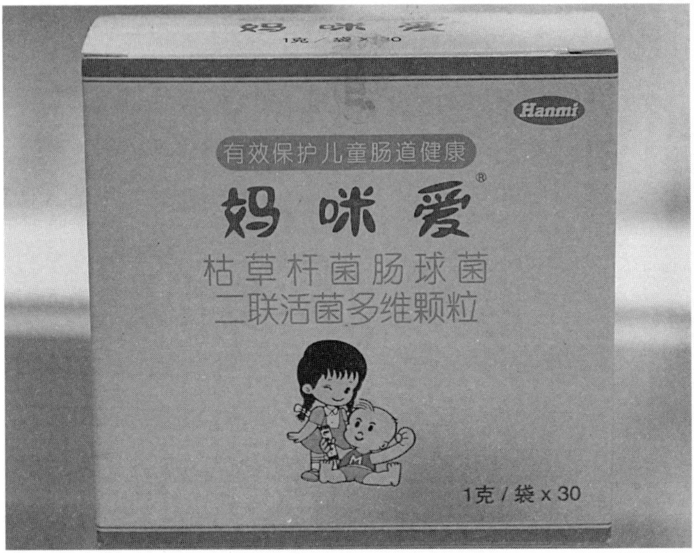

중국에서 판매되고 있는 메디락비타(妈咪爱)

를 달리고 있다. 하지만 이 제품이 처음 출시될 당시 제품의 상품명에 대해 중국인 의사들과 제약업계 사람들의 의견이 분분했었다.

"妈咪爱"라는 상품명은 단순히 '어머니의 사랑'이라는 뜻으로 제품의 효능을 나타내는 뜻이 전혀 포함되어 있지 않기 때문에 의약품의 이름으로는 부적당하다는 것이 그 이유였다.

당시 중국시장에서 판매되고 있던 어린이 정장제들은 하나 같이 모두 제품의 효능을 나타내는 상품명을 갖고 있었기 때문에 효능을 전혀 나타내지 못하는 "妈咪爱"라는 상품명은 자칫하면 소비자들에게 의약품이 아닌 식품으로 오인될 가능성이 많았다. 그래서 좀 더 의약품과 부합되는 상품명으로 교체하여야 한다는 의견이 상당수 있었다. 하지만 전문가들의 이런 우려에도 불구하고 "妈咪爱"라는 상품명은 소비자들에게 폭발적인 사랑을 받았다.

"엄마의 사랑"이라는 뜻에 걸맞게 "마미아이"라는 단어는 발음이 부드

럽고 기억하기 쉬워서 한 번이라도 상품명을 들어본 소비자들은 그 이름을 잊지 않았기 때문이다. "妈咪爱"는 놀라운 속도로 시장을 점령하여 출시 후 불과 2년 만에 중국 어린이 정장제 시장의 선두 주자로 올라섰다. 물론 "妈咪爱"가 성공한 데에는 수많은 이유가 있다. 하지만 소비자들에게 쉽게 각인될 수 있는 친근한 상품명도 한 몫을 했다는 것은 분명한 사실이다.

(3) 중국인은 세 글자 상품명을 선호한다

어느 나라나 상품명을 작성하는 기본 방향은 비슷하다. 대개의 경우, 상품명을 들으면 그것이 어떤 유형의 제품인지 알 수 있도록 의약품에는 강력한 효과를 암시하는 상품명을, 식품에는 맛을 강조하는 상품명을, 그리고 가전제품에는 기능을 나타내는 상품명을 선호한다. 이런 경향은 중국에서도 마찬가지다.

따라서 중국어 상품명을 작성할 때에는 가능한 그 제품의 기능을 나타내는 문자의 조합으로 좋은 뜻을 갖고 있으면서 중국어로 발음하기 쉬운 상품명을 채택하는 것이 바람직하다. 다만, 여기에 한 가지 더 추가하여 신경 쓸 사항은 바로 상품명의 글자 수이다.

중국인이 가장 선호하는 상품 또는 상표명의 글자 수는 대개 세 글자이다. 이는 현재 중국에서 크게 히트 치고 있는 수많은 상품 및 상표들의 예를 보면 알 수 있다. 맥도날드의 중국상표명인 "麦当劳", 켄터키치킨의 중국상표명인 "肯德基", 피자헛의 중국상표명인 "必胜客", 스타벅스의 중국상표명인 "星巴克", 그리고 중국에서 가장 유명한 술인 오량액 "五粮液"과 마오타이주 "茅台酒" 등 중국에서 크게 히트 치고 있는 상품 및 상표명 대부분이 모두 세 글자로 되어 있다.

버거킹의 중국어 상호명 역시 세 글자로 汉堡王이다.

이런 경향은 한국에서도 역시 비슷하게 나타나서 크게 히트 치는 대부분의 상품명이 세 글자다. 의약품의 경우에 박카스 · 영비천 · 게보린 · 케토톱 등의 빅 히트 제품 대부분이 세 글자 상품명이고, 식품의 경우에도 신라면 · 맛동산 · 새우깡 등 빅 히트 제품 대부분이 세 글자 상품명이다.

물론 두 글자나 네 글자 상품명도 히트 치는 경우가 많이 있다. 하지만 대체적으로 세 글자 상품명이 히트 칠 확률이 더 많은 것 같다. 그 이유는 한국과 중국 모두 같은 문화권으로 사람의 이름을 지을 때에 세 글자로 짓는 것과 관련이 있다고 본다.

한국인과 중국인 대부분이 세 글자로 된 이름을 갖고 있으므로 어떤 사물의 이름을 부를 때 기본적으로 세 글자인 경우 가장 편안함을 느끼게 되기 때문이 아닌가 생각한다. 이유야 어찌되었든 중국에서는 대체적으로 세 글자 이름을 선호하므로 상품명을 지을 때는 가능한 한 세 글자로 하는 것이 좋다고 생각한다.

3. 제품의 판매전략

중국에 진출한 한국기업들은 대개 한국에서 판매하는 제품과 동일한 제품을 중국에서 생산하여 판매한다. 하지만 두 나라의 시장 상황이 다른 만큼, 판매 가격과 포장단위, 그리고 포지셔닝 포인트 등 제품의 판매 조건 및 전략 등은 중국 시장에 맞게 재조정하는 것이 바람직하다.

(1) 시장 조사

중국 시장에 적합한 제품의 판매전략을 결정하기 위해서는 철저한 시장 조사가 선행되어야 한다. 중국 시장에 출시되어 있는 모든 경쟁제품에 대한 가격, 포장 단위, 규격, 기능 또는 품질, 디자인, 포지셔닝 포인트, 주 소비자층, 소비자들의 만족도와 불만 사항 등에 대한 검토를 충분히 한 후에 이를 기초로 자사 제품의 판매전략을 결정하여야 한다.

중국은 아직 서비스 분야의 기업 활동이 발달하지 못한 관계로 시장 조사를 전문적으로 대행해 주는 마켓리서치 업체들의 서비스가 상당히 부실하고 신뢰도가 떨어진다. 때문에 자사 제품을 위한 시장 조사는 가능한 한 자체적으로 시행하는 것이 바람직하다.

물론 자체적인 시장조사만으로는 통계자료 등 여러 가지 면에서 부족할 수 있으므로 리서치 업체들의 내용을 참고 하는 것도 나쁘진 않으나 신뢰도를 감안하여 참고하는 것이 좋다.

이마트와 같은 대형 유통업체는 시장 조사 자료를 구하기가 가장 좋은 곳이라고 할 수 있다.

(2) 표적고객 선정

제품을 효율적으로 판매하기 위해서는 적합한 표적고객의 선정이 중요하다. 기본적으로 제품의 종류와 기능 및 가격 등에 따라 성별, 연령층, 수입 정도, 직업 등으로 세분한 후, 집중적으로 공략해야 할 표적고객층을 결정한다.

그리고 이렇게 결정된 표적고객을 대상으로 효과적인 마케팅을 하기 위해서는 표적고객이 집중되어 있는 지역이나 장소 등을 골라서 중점적으로 공략하는 것이 중요하다.

중국은 지역에 따라 경제발전 편차가 심하다. 따라서 표적고객 선정 시에는 주 표적이 되는 성별과 연령층의 평균수입에 대한 분석을 세밀히 한 후, 표적고객이 집중되어 있는 지역을 선택하여 중점적인 공략을 하는 것이 특히 중요하다.

예를 들어, 개당 판매가격이 300위안인 화장품을 판매하기 위해서는 적어도 3,000위안 이상의 수입이 있는 여성을 표적고객으로 선정하고 이런 여성이 많이 집중되어 있는 도시를 위주로 공략해야 한다. 만약 대다수 여성의 평균수입이 1,500위안에도 미치지 못하는 도시를 위주로 공략한다면 제품의 품질이 아무리 좋다고 하여도 제품 판매가 발생하기는 어려울 것이다.

상해는 중국에서 가장 잘 사는 도시 중 하나다. 그럼에도 불구하고 상해시 내에서도 지역별로 판매되는 제품에 있어서 큰 차이가 있다. 예를 들어, 치즈나 스파게티면 및 생크림 등 서양음식에서 많이 사용되는 재료들은 동네의 슈퍼마켓뿐만 아니라 이마트나 까르푸와 같은 대형 유통업체에서도 찾아보기 힘들다. 그 이유는 중국에서 이런 제품들은 아직까지 중국에 거주하고 있는 소수의 외국인이 주 고객일 뿐, 대다수의 중국인들이 즐겨 찾지 않기 때문이다.

그 때문에 이런 제품들은 외국인이 많이 거주하고 있는 지역의 마트나 시내의 대형 마트에 가야만 구입할 수가 있다. 즉, 이런 제품의 표적고객은 상해시의 일부 지역에 한정되어 있으므로 상해시 전체를 대상으로 마케팅이나 유통을 할 필요가 없다는 것이다.

중국에 진출한 한국기업들은 표적고객을 선정할 때, 표적고객의 구매능력과 함께 구매 가능성이 있는 표적고객의 분포도 또한 세밀히 분석하여 표적고객의 분포도가 높은 지역을 위주로 집중 공략하는 지혜가 필요하다.

표적고객 밀집도가 가장 큰 시장인 상해시

(3) 중국 내의 판매가격

얼마 전까지만 해도 중국에 진출한 대부분의 외자 기업들은 제품의 중국 내 판매가격을 중국 내자 제품의 판매가격보다 높게 책정하는 것을 매우 당연하게 생각했었다. 실제로 현재 중국에 진출해 있는 수많은 한국기업들, 그리고 기타 외자 기업들 제품의 중국 내 판매가격은 대개가 자국 내에서의 판매가격과 동일하거나 오히려 비싸다.

이것은 개혁개방 이후 중국에 수입되던 외국 수입품들이 높은 가격으로 중국 내에서 판매되던 것으로부터 유래한 것으로, 중국인들에게 수입품이나 외자 또는 합자 기업의 제품은 으레 비싼 것으로 인식되었기 때문이다.

개혁개방 이전 조악한 품질의 중국산 제품만을 보아 왔던 중국인들에게 개혁개방 이후 품질이 월등하게 뛰어난 수입품의 출현은 중국인들의 마음을 단숨에 매료시키기에 충분했다. 그렇기 때문에 중국산에 비해 턱없이 비싼 고가임에도 불구하고 수입품의 매출은 상당히 좋았다.

의약품의 경우에도 개혁개방 초기인 80년대만 하더라도 중국은 수입의약품의 천국으로 불리었다. 거의 모든 종류의 수입의약품의 중국내 판매가격은 자국내 판매가격보다 훨씬 높았음에도 불구하고 중국내 판매기록은 놀라울 만큼 높았다.

하지만 90년대 후반에 들어서면서부터 수입품에 대한 중국인들의 관심이 점차 흐려졌고, 2007년 오늘에는 상당수 제품에 있어서 중국산 제품의 품질이 거의 수입품 또는 외자 기업의 제품에 가까워짐에 따라, 수입품이나 외자 제품에 대한 관심도가 점점 더 떨어지고 있는 추세이다.

지금까지 중국 시장에서 판매되는 제품의 가격대는 대체적으로 세 개의 가격대로 나눠졌었다.

첫째, 최고가 제품 : 이 가격대에 속하는 제품군은 대체적으로 세계 유명 브랜드 제품으로 중국의 최상위층 고객을 목표로 한다.

둘째, 중상가 제품 : 이 가격대에 속하는 제품군은 대체적으로 수입품과 외자 또는 합자 제품으로 중국의 중상층에 속하는 고객을 목표로 한다.

셋째, 저가 제품 : 이 가격대에 속하는 제품군은 대체적으로 중국 내자 기업의 제품으로 중국의 중하위 소득층에 속하는 고객을 목표로 한다.

90년대까지만 해도 중국 내자 제품의 품질은 외자 또는 합자 제품에 비해 대부분 조악했으므로, 중국소비자들은 중국 내자 제품에 비해 품질이 좋은 외자 또는 합자 제품의 가격이 좀 더 높은 것을 당연한 사실로 받아들였다. 하지만 최근 들어서 중국 내자 제품의 품질이 눈부시게 향상되어 상당수 제품에 있어서 중국 내자 제품의 품질이 외자 또는 합자 제품의 품질과 동등한 수준에 다다랐다.

중국에서 히트치고 있는 한국의 락&락 제품.

따라서 이젠 더 이상 외자 또는 합자 제품이라는 이유만으로 중국 내자 제품에 비해 고가를 받을 수 있는 특혜는 사라졌다고 봐야 할 것이다. 지금부터 중국시장에 진출하는 한국기업들은 자사제품의 가격대를 어느 수준으로 할 것인지를 철저한 시장 조사를 통해 신중히 결정해야 한다.

제품가격을 중상가로 정할 경우, 주 경쟁상대가 외자 또는 합자 기업 그리고 우수한 중국 내자 기업들이므로, 제품의 품질이나 기능 또는 디자인 등 제품 자체의 조건만 가지고는 경쟁에서 살아 남기가 힘들다고 볼 수 있다. 그들을 이기기 위해서는 반드시 우수한 마케팅 기획력과 이를 실행할 수 있는 충분한 인재와 경비가 지원되어야 한다. 그렇지 않다면 우수한 품질과 함께 뛰어난 마케팅력을 겸비한 대다수의 경쟁자들을 물리치기가 어려울 수밖에 없다.

현재 중국에 진출해 있는 많은 한국기업들이 성공하지 못하는 주요 원인 중 하나가 바로 여기에 있다고 볼 수 있는데, 중상가 제품으로 자리매김할 경우에 주 경쟁상대가 대부분의 외자 또는 합자 기업임을 인식하지 못하고 저가품을 판매하는 중국내자 기업의 수준에도 못 미치는 마케팅을 하고 있기 때문이다.

저가품인 경우에는 주 고객층이 중하위 소득층 사람들이므로 가격이 가장 중요한 판매 포인트가 된다. 하지만 이 경우, 주 경쟁상대가 중국 내자 기업이므로 가격 경쟁에 있어서 기본적으로 불리한 입장이라고 할 수 있다. 외자 또는 합자 기업은 중국 내자 기업에 비해 원료 구입비나 인건비 그리고 관리비 등 여러 가지 경비 면에서 불리한 조건일 수밖에 없으므로 외자 기업이 중국 내자 기업과의 가격 경쟁에서 우위를 차지하기는 기본적으로 힘들다고 본다.

글로벌 브랜드 삼성은 고 품질과 뛰어난 마케팅으로 중국에서도 최고가 시장을 점령하고 있다.

또한 저가품으로 갈 경우, 이익의 폭이 매우 제한적이므로 마케팅에 사용할 수 있는 경비 또한 제한적일 수밖에 없는데, 이 또한 매출을 둔화시키는 요인이 될 수 있다.

(4) 중국 내 포장 단위

한국 기업이 중국에 진출하면 대부분 한국에서 판매하고 있는 원 제품의 규격이나 포장 단위 그대로 중국 현지 공장에서 생산하여 판매하곤 한다. 그런데 가끔 한국 시장에서 판매하기 좋은 규격이나 포장 단위가 중국 시장에 맞지 않는 경우가 있다.

이것은 한국과 중국의 시장 환경이 다르고 또 제품의 성숙도가 다르기 때문에 발생하는 문제로, 때로는 이것이 제품의 판매에 영향을 주는 주요 요인이 된다. 따라서 중국에 진출한 한국 기업들은 해당 제품의 중국시장에서의 성숙도를 검토하고 경쟁 제품을 참고로 하여 중국 시장에 출시할 자사제품의 규격 및 포장 단위를 결정하는 것이 좋다.

중국은 소비시장이 활성화된 지 이제 막 20년 정도된 나라다. 따라서 비누나 샴푸 그리고 휴지와 같은 생필품인 경우에는 시장의 성숙도가 높아서 중국 소비자의 소비 패턴이 한국과 비교해 큰 차이점이 없지만, 화장품이나 영양제 등 생필품이 아닌 소비 제품에 대한 중국 소비자의 소비 패턴은 한국과 비교할 때 많은 차이가 있다. 그것은 한국과 중국 소비자들의 소득 수준 차이와 시장의 성숙도에 기인한 것이다.

중국인들의 소득수준은 아직 한국인들의 소득수준에 비해서 많이 뒤떨어진다. 2005년도 중국 도시민들의 연평균수입은 10,493위안이고(한화로 약 125만 원) 농촌주민들의 연평균수입은 도시민들의 약 1/3 정도 수준인 3,255위안(한화로 약 39만 원)이다.

중국에서 판매되고 있는 한국제품들

그리고 중국에서 경제가 가장 발달한 상해나 북경과 같은 대도시의 경우에도 평균 소득수준이 그리 높다고 할 수 없는데, 2005년도 상해시민의 연평균소득이 26,820위안, 북경시민의 연평균소득이 32,808위안으로 한화로 약 340~410만 원 선이다.

물론, 이것은 전체적인 평균치이므로 상해와 북경 같은 대도시에서는 연평균소득이 10만 위안에서 수십만 위안, 심지어 백만 위안을 초과하는 사람들도 상당수 있다. 하지만 전체적인 소득수준은 아직은 한국에 비해 많은 차이가 있는 것이 사실이다.

개인의 소득수준에 따라 제품의 가격이 주는 부담의 크기가 달라진다. 따라서 한국보다 소득수준이 낮은 대다수의 중국 소비자들을 대상으로 하는 제품이라면 단위가격을 가능한 한 낮게 책정하는 것이 판매에 유리하다. 특히 제품의 지명도가 전혀 없는 사업 초기에는 더더욱 그러하다.

이는, 한국에서도 마찬가지로 한 통에 만 원 이상 하는 영양제 한 통을 파는 것보다는 한 각에 2천 원을 하는 영양제 10각을 파는 것이 훨씬 수월하다. 일반적으로 소비자들이 제품의 품질에 대해 신뢰도를 갖고 있는 경우에도 한 번에 만 원 이상의 지출을 하는 것에는 약간의 부담을 느끼기 때문이다.

매출 증대를 위한 목적으로 중국 시장에서의 포장 단위를 기타 국가의 포장 단위보다 대체적으로 작게 하여 판매하는 제품 중 하나가 바로 의약품이다. 의약품 중에서도 특히 영양제와 같이 급성 질병의 치료에 필요한 필수 의약품이 아닌 경우에는 이런 현상이 더욱 두드러진다.

한국에서는 대부분의 영양제가 60정 또는 100정의 포장 단위로 판매되고 있지만, 중국에서는 대체적으로 이보다 작은 30정 또는 60정 단위로 판매되고 있다. 물론 100정 또는 그 이상 단위의 영양제도 판매되고 있지만, 소비자들이 선호하는 포장 단위는 작은 포장인 30정 또는 60정 단위다.

중국에서 판매되고 있는 50ml 소 포장의 니조랄 샴푸 (采乐)

젊은 여성들에게 인기있는 클린&클리어의 소 포장 제품들

예를 들어, 한국에서 "센트룸"이라는 상품명으로 팔리고 있는 와이어스(Wyeth)라는 다국적기업의 영양제는 한국에서는 100정 단위가 주로 판매되고 있으나 중국에서는 30정이나 60정 단위가 주로 판매되고 있으며, 한미약품의 "메디락비타산제"는 한국에서는 90포 또는 100g 포장 단위로 판매되고 있지만 중국에서는 주로 10포 또는 30포 포장 단위로 판매되고 있다. 또한, 얀센이라는 다국적기업의 비듬 치료제인 "니조랄 샴푸" 역시 한국에서는 100m*l*와 200m*l*가 판매되고 있는 데 반해, 중국에서는 50ml 포장 단위가 주로 판매되고 있다.

기업들이 중국에서의 포장 단위를 이렇게 작게 하여 판매하는 데에는 여러 가지 이유가 있지만 가장 중요한 이유는 바로 단위 판매가격 때문이다. 중국의 소비자들은 영양제와 같이 필수 의약품이 아닌 의약품을 소비하기 시작한 지 얼마 되지 않았으므로, 한꺼번에 많은 양을 구입하기보다는 적은 양을 여러 번으로 나누어 구입하는 것을 선호한다.

이런 이유로 인하여, 중국에서 판매되는 대부분의 영양제 개념의 의약품들은 한국이나 기타 국가에서 판매되는 포장 단위보다 작은 용량의 포장 단위로 출시되어 판매되고 있다.

하지만 이렇게 포장 단위를 작게 할 경우, 단위 판매액이 적어지고 또한 추가 포장으로 인한 원가상승 요인이 발생하기 때문에 큰 포장 단위를 작은 포장 단위로 바꾸는 것에 대해 부정적인 시각을 갖고 있는 기업인들이 많이 있다.

한미약품도 중국시장 진출 초기에는 메디락비타의 포장 단위를 90포에서 10포로 바꾸는 것에 대해, 본사 차원에서 상당한 반대 의견이 있어서 10포가 아닌 30포 단위로만 판매하려고 시도해 보았다. 하지만 매출이 거의 일어나지 않아 곧 바로 10포 단위의 포장을 추가하였다.

그리고 그 작은 변화는 매출에 엄청난 변화를 가져왔다.

포장 교체로 인한 원가 상승 부분은 대개의 경우에 단위 가격 인상으로 충분한 보정이 가능하다. 따라서 브랜드 파워가 전혀 없는 중국 사업 초기에는 소포장 제품을 출시하여 단위 판매가격을 하향 조정하는 것이 판매를 증대시킬 수 있는 좋은 방법 중 하나라고 본다.

(5) 포지셔닝 포인트

대다수 소비제품의 경우, 중국시장도 이미 공급 포화 상태에 돌입했다고 볼 수 있다. 시장에는 수없이 많은 경쟁제품이 출시되어 각기 다른 전략으로 판매를 하고 있다. 그 때문에 중국시장에 새로 진입하는 한국기업들은 기존의 경쟁제품과 차별화되는 포지셔닝 포인트를 찾아내는 것이 중요하다.

중국시장에 진출한 한국기업들은 대부분 한국에서의 포지셔닝 포인트를 그대로 중국에서 사용하는 것에 대해 매우 당연하게 생각하고 있다. 하지만 중국시장 상황은 한국시장 상황과 많은 차이가 있는 만큼, 한국시장에서 가장 좋은 포지셔닝 포인트가 중국시장에서도 가장 좋은 것이라는 보장은 없다.

따라서 기업들은 중국 시장에서의 경쟁제품에 대한 철저한 분석을 통해 중국시장에 가장 알맞은 제품의 포지셔닝 포인트를 찾아내는 것이 중요하다.

중국시장에서 가장 성공한 제품 중 하나로 손꼽히는 한미약품의 메디락비타의 경우, 중국시장에 처음 출시되었을 때 전문가와 소비자들로부터 별다른 주목을 받지 못했다.

농심은 중국에서 가장 성공한 한국기업 중 하나로 손 꼽히는 기업이다. 농심은 신라면이어 중국인의 입맛에 맞는 라면을 끊임없이 개발하여 시판하고 있다.

왜냐하면, 한미약품이 메디락비타를 중국에서 처음 출시하던 당시에 중국 시장에는 이미 내자 기업 및 외자 기업의 경쟁 제품이 여럿 있었는데, 그중 대다수가 메디락비타와 같은 유산균제제로서 경쟁제품들과 비교할 때 메디락비타는 가격이나 효과 면에서 두드러지는 차별점을 가지고 있지 않았기 때문이었다.

물론 당시 중국에서 판매되고 있던 상당수의 유아정장제는 포장이 메디락비타에 비해 다소 조악했고, 또 자체 실험 결과로는 메디락비타에 비해 효능 · 효과 면에서도 차이가 있었지만, 이런 품질상의 차이점을 단기간에 소비자들에게 인식시키기는 어려웠다. 하지만 출시 몇 달 후부터 메디락비타의 판매량은 빠르게 상승하였는데, 그 원인은 포지셔닝 포인트를 잘 잡았기 때문이었다.

당시 중국에서 판매되는 유아정장제는 대부분 캅셀 형태의 제제로서 유아들이 복용하기에 매우 불편한 제형이었는데, 메디락비타는 유아들이 복용하기 편리한 가루 형태의 산제였다. 한국에서는 판매되고 있던 대부분의 유아정장제가 산제였기 때문에 메디락비타의 제형이 아무런 장점도 될 수 없었다. 따라서 한국에서는 메디락비타의 포지셔닝 포인트가 "순한 유아정장제"였다.

하지만 산제 형태의 유아정장제가 많지 않은 중국에서는 메디락비타의 제형이 소비자를 유혹할 수 있는 가장 큰 장점이 될 수 있었다. 그 때문에 중국 시장에서의 메디락비타의 포지셔닝 포인트를 "우유에 타서 먹일 수 있는 편리한 유아정장제"로 잡고 이 점을 중점적으로 부각시켜서 젊은 엄마들의 마음을 유혹했다. 이러한 판매전략이 적중하여, 메디락비타는 중국 유아정장제 시장의 점유율을 빠르게 높여 나갔다.

사람들의 사고는 생각보다 매우 경직되어 있다. 따라서 어떤 사람이나 제품에 대해 갖고 있는 선입견이나 고정관념을 버리거나 바꾸는 것은 생각보다 쉬운 일이 아니다. 즉, A라는 제품에 대해 갖고 있는 이미지가 '작고 귀여운 것'일 때, 이것을 '휴대가 간편한 것'이라는 식으로 바꾸는 것이 쉽지만은 않은 일이라는 것이다.

따라서 중국에 진출한 한국기업이 중국에서 제품을 판매하려고 할 때는 반드시 자사 제품에 대해 갖고 있는 선입견이나 고정관념을 버리고 제품에 대한 모든 장점을 검토한 후에, 그 중에서 중국 소비자의 마음을 가장 강하게 유혹할 수 있는 점을 포지셔닝 포인트로 선정하는 것이 중요하다.

LG 생활건강의 죽염치약도 중국에서 많이 판매되는 제품 중 하나다.

중국시장은 경쟁이 치열하긴 하나, 한국시장과 비교할 때 아직도 틈새시장이 많이 남아 있다.

이는 제한된 시장의 크기 안에서 품질과 기능 그리고 디자인 등 여러 가지 면에서 장점을 고루 갖추고 있는 경쟁제품들이 넘치고 넘치는 한국시장에 비해, 중국시장에는 아직도 여러 가지 면에서 다소 기준이 떨어지는 제품들의 시장 점유율이 상당수 비율을 차지하고 있을 뿐만 아니라 시장의 전체적인 크기 또한 지속적으로 커지고 있기 때문이다.

따라서 중국시장에 진출하는 한국기업들은 경쟁 제품뿐만 아니라 자사 제품에 대해서도 심도 있게 재 검토하여, 중국 소비자들의 마음을 유혹할 수 있는 최상의 포지셔닝 포인트를 찾아 내는 데 주력해야 한다.

4. 표적도시 선정

(1) 표적도시 선정은 중국 마케팅의 시작이다

중국 사업에서 가장 중요한 마케팅 포인트 중 하나는 바로 표적도시를 선정하고 그 선정된 표적도시의 공략 순위를 결정하는 일이다. 중국은 나라가 크고 지역별 경제발전 상황과 시장의 특성이 매우 다르므로 시장 측면에서 볼 때 하나의 나라라기보다는 몇 십 개 나라의 통합체로 보는 것이 더욱 타당하다.

한국시장에서는 대부분의 제품에 있어서 전국 매출의 50% 이상이 서울을 비롯한 수도권에서 발생하므로, 한국에서 사업을 시작하는 경우에는 당연히 서울이 공략 제1순위의 표적도시가 될 것이다. 하지만 중국은 표적시장이 될 만한 지역이 매우 광범위하게, 그리고 산발적으로 분포되어 있다.

따라서 중국시장 전체를 장악하기 위해서는 전국 각지의 도시 중 경제가 가장 발전되어 있고 또 주변지역으로의 파급효과도 큰 도시들을 선별하여 중점적으로 공략해야 한다. 특히 시장 진입 초기에는 적절한 표적도시와 공략 순위를 결정하는 일이 사업의 성패를 좌우하는 매우 중요한 일이다.

표적도시는 해당 도시의 경제상황과 지리적 위치 그리고 시장의 특성을 고려하여 1순위 · 2순위 · 3순위 등으로 공략 순위를 결정한다. 이중에서 가장 중요한 것은 바로 1순위와 2순위 표적도시의 선정이다. 일반적으로 1순위와 2순위 표적도시의 선정이 부적절할 경우, 영업 진척이 늦어짐으로 인해 사업실패의 중요한 요인 중 하나가 되기 때문이다.

중국시장에 진출한 한국기업들 중에는 부적절한 표적도시의 선정으로 인하여 사업에 실패한 경우가 상당수 있다. 중국 시장에 진출한 한국 제약 기업들 중에도 상해나 북경 등 중국의 주요시장은 공략해 보지도 못하고, 자사 공장이 설립된 인근 지역의 낙후된 시골 소도시들을 중심으로 영업을 하다가 사업 부진과 영업 기회의 상실로 인하여 실패를 자초하게 된 회사가 여럿 있다.

중국시장에 진출한 한국기업들이 상해나 북경 등 주요시장으로의 진출을 포기하고 소도시 위주의 영업을 하는 데에는 크게 두 가지 이유가 있다.

첫째는 초기 시장 진입이 쉽다는 점이다. 상해나 북경 등 주요시장은 시장이 큰 만큼 경쟁도 치열하다. 따라서 시장 진입에 많은 어려움이 따르고 매출이 일어나기까지 상당한 시간과 경비가 소요된다. 하지만 공장이 설립되고 영업이 시작되는 초기에는 투자가 시작되고 이미 여러 해가 지난

상해의 이마트 내에서
판매되고 있는 한국 상품들

때이므로, 매출에 대한 기업주들의 기대가 크며 심적으로도 조급하다. 그 때문에 가능하면 매출이 가장 쉽게 일어날 수 있는 지역에서부터 영업을 시작하게 되는데, 그것이 바로 공장의 주변지역이다.

특히 낙후된 지역에 공장을 설립한 경우에는 해당 지역에 대한 투자자금 유입과 일자리 창출로 인한 공로로 인하여 대부분 해당 지역에서 유지 대접을 받게 된다. 따라서 사업을 진행 함에 있어서 여러 가지 면으로 해당 지역의 정부기관이나 관계 부처의 보살핌을 받게 되고, 또 그로 인해 파생되는 모종의 관계로 인하여 매출이 비교적 쉽게 발생되는 계기가 된다.

중국시장 상황에 어두운 한국기업들은 영업 초기에 이런 이점을 이용하여 공장의 인근 지역을 중심으로 영업을 시작하게 되는데, 이런 지엽적인 영업은 매출액이 작고 주변 지역에 대한 파급효과도 없어서 중국 시장 전체를 공략하는 데 도움이 되지 않을 뿐만 아니라, 기회적 측면에서 보면 오히려 장애가 되기도 한다.

현재 중국의 시장상황은 빠른 속도로 변화 · 발전하는 단계이므로 시장 진입이 빠를수록 기회 요인이 많은데, 이런 비효율적인 영업에 시간을 허비하다 보면 주요시장 공략의 호기를 놓치게 될 확률이 크기 때문이다.

둘째는 시장에 대한 정보 부족이다. 중국에 진출한 많은 한국기업들이 중국의 시장 상황 파악에 어려움을 겪고 있다. 시장 진입 초기에는 중국시장 공략에 필요한 실질적인 정보를 얻기가 매우 힘들기 때문에 어디서부터 어떻게 중국시장을 공략하는 것이 가장 효과적인 방법인지를 판단하기가 쉽지 않다.

중국은 아직 한국과 같이 정보 산업이 발달되어 있지 않아서 통계자료나 분석자료 등 사업에 필요한 참고자료를 구하기가 쉽지 않고, 시중에서

구할 수 있는 자료들도 대체적으로 신빙성이 크지 않다. 또한, 중국인 친구들이나 사업 파트너를 통해서도 전체적인 시장상황을 충분히 이해할 만큼의 자료나 정보를 얻어내기가 쉽지 않다. 그 때문에 외국기업들 중에는 중국에서 사업을 수년 동안 해온 기업들조차도 중국의 전체적인 시장 상황에 대해 정확한 인식을 하지 못하고 있는 경우가 허다하다.

이러한 이유들로 인하여 상당수의 한국기업들이 가장 손쉽게 공략할 수 있는 공장의 인근지역을 위주로 영업을 시작하고 있지만, 이런 비효율적인 영업으로는 절대로 중국 시장에서 성공할 수 없다.

중국시장에서 성공하려면 반드시 중국의 주요시장들을 위주로 공략해야만 성공의 기회를 잡을 수 있을 것이며, 그 시기는 빠를수록 좋다.

(2) 1순위 표적도시 선정

표적도시는 그 도시의 경제상황 · 시장 규모 · 지리적 위치 · 시장의 특성 그리고 제품의 특성을 고려하여 공략 순위를 결정하는데, 일반적으로 기업들이 선정하는 공략 1순위 도시는 북경 · 상해 · 광주 세 곳이다.

북경은 중국의 수도이자 중국 제1의 도시이고, 상해는 중국의 경제수도로서 북경과 함께 세계적 수준의 대도시로 선정된 거대 도시이며, 광주는 광동성의 성회시로 개혁개방 이후 중국 경제 발전의 견인차 역할을 하였던 도시이다. 또한 광주는 중국 내에서 가장 개방된 문화를 갖고 있는 도시 중 하나다.

일반적으로 북경은 북부 지역을 공략하는 전초기지로, 상해는 중부지역을 공략하는 전초기지로, 그리고 광주는 남부지역을 공략하는 전초기지로 선정한다. 이 세 도시는 자체 시장의 크기가 클 뿐만 아니라 주변 지역에 대한 파급효과 또한 지대하므로, 반드시 1순위로 공략해야 하는 시장이다.

중국의 수도 북경을 대표하는 천안문 광장 앞의 모택동 사진

이 세 도시 중 어느 곳을 맨 먼저 공략할 것인지는 사업의 거점에 따라 결정하는 것이 좋다. 만약 사업 거점이 북경에 있다면 북경에서부터 시작하여 광주, 그리고 상해 순으로, 사업 거점이 상해에 있다면 상해 · 광주 · 북경 순으로, 사업 거점이 광주에 있다면 광주 · 북경 · 상해 순으로 공략하는 것이 유리하다.

그 이유는 이 세 도시 중에서 일반적으로 광주시장이 공략하기가 가장 쉽고, 그 다음이 북경이며, 그리고 상해가 제일 어렵기 때문이다.

광주는 근대 중국의 대외문호 역할을 했던 도시인 만큼, 광주인들의 사고체계는 상당히 유연하고, 새로운 것을 받아들이는 속도가 빠르며, 배타적인 성향이 적어서 시장진입이 용이하다.

이에 반해 수도인 북경의 주민들은 대체적으로 보수적인 성향이 강하고 새로운 것을 받아들이는 속도가 광주인들보다는 느리다.

한편, 상해는 중국에서 가장 배타성이 강하고 규제와 규범이 깐깐한 지역으로 중국에서 공략하기가 가장 어려운 시장으로 손꼽히는 지역이다. 중국의 모든 제도는 상해에서부터 시작된다고 할 수 있을 정도로 각종 제도와 규제가 가장 먼저 출범되고 시행되는 곳이다. 그러므로 꽌시(인맥)가 가장 통하기 힘든 시장이 바로 상해시장이다. 따라서 사업거점이 상해에 설립되어 있지 않은 기업일 경우에는 1순위 시장 세 곳 중에서는 상해 시장을 맨 마지막에 공략하는 것이 바람직하다고 할 수 있다.

(3) 2순위 표적도시 선정

일반적으로 2순위로 선정되는 표적도시들은 광동성의 심천시(深圳市)를 비롯한 불산(佛山)·중산(中山)·주해(珠海)·강문(江门)·동관(东莞) 등의 주강삼각주 도시들과 절강성의 항주(杭州)·호주(湖州)·가흥(嘉兴)·주산(舟山)·녕파(宁波)·소흥(绍兴)·온주(温州) 등, 그리고 강소성의 남경(南京)·양주(扬州)·남통(南通)·진강(镇江)·상주(常州)·무석(无锡)·소주(苏州) 등의 장강삼각주 도시들이다.

2순위 시장을 각 성의 성회시가 아닌 주강삼각주와 장강삼각주 등 화동·화남지방 경제개발지역의 중소도시들로 선정하여 집중 공략하는 이유가 있다. 이는, 시장의 크기와 영업 진척 속도 및 관리에 있어서의 효율성과 편리성, 그리고 경비 절감 및 시간적 제약 등의 이유 때문이다.

주강삼각주와 장강삼각주의 도시들은 모두 중국에서 경제가 가장 발달한 지역들로서 각 도시의 시장 규모가 기타 성의 성회시에 비해 크게 떨어지지 않으며 오히려 능가하기도 한다.

의약품과 같은 소비제품의 경우, 일반적으로 화동지역의 판매량이 전국 판매량의 40% 이상이라고 추정한다. 이는, 1순위 시장 세 곳을 제외한 기타 지역의 성회시에서의 판매량을 모두 합한 것보다 크다.

따라서 화동지역의 노른자위인 장강삼각주와 화남지역의 노른자위인 주강삼각주의 도시들을 공략하는 것은 중국 시장의 40% 이상을 공략하는 것과 같다고 할 수 있다.

(4) 3순위 표적도시 선정

3순위 표적도시는 1순위와 2순위 표적도시를 제외한 지역 중 직할시인 천진과 중경 그리고 부성급시(副省级市)가 소재한 흑룡강성의 심양(沈阳)과 대련(大涟), 길림성의 장춘(长春), 하알빈성의 하알빈(哈尔滨), 복건성의 복주와 하문(厦门), 산동성의 제남(济南)과 청도(青岛), 호북성의 무한(武汉), 사천성의 성도(成都), 섬서성의 서안(西安) 등의 도시를 선택하는 것이 일반적이다.

이들 도시들은 모두 권역별 또는 지역별 중심도시들로서 시장의 규모와 주변지역에 대한 파급효과가 크다.

3순위 표적도시의 공략 순서는 1순위와 2순위 공략 도시의 영업 진행 상황에 따라 달라질 수 있으나 일반적으로는 장강삼각주와 인접하고 있으며 경제상황도 좋은 산동성을 1순위로, 그 다음이 광동성과 인접하고 있는 복건성의 복주와 하문, 그 다음이 북경과 인접해 있는 직할시 천진, 그 다음이 중부지역의 중심인 호북성의 무한, 그 다음이 서남지구의 중심인 직할시 중경과 사천성의 성회시인 성도이다.

그리고 동북 3성의 중심인 흑룡강성의 심양과 대련, 길림성의 장춘, 흑룡강성의 하알빈, 그리고 맨 마지막으로 서북지구의 중심인 섬서성의 서안 순으로 공략하는 것이 일반적이다.

1순위에서 3순위까지의 표적도시를 제외한 기타 지역은 대부분 경제 상황이 좋지 않거나 부성급시 이하의 규모가 비교적 작은 도시로서 투자 대비 이익 창출 효과가 미약한 지역이므로, 주요 지역의 판매가 성공적으로 이루어진 후에 공략하는 것이 바람직하다.

(5) 표적도시 간의 거리

중국에서 사업을 하는 한국기업들이 대체적으로 소홀히 여기는 사항 중 하나가 바로 거리에 대한 개념이다. 그것은 작은 나라에서 사업을 하였던 탓으로 거리가 가져다 주는 경제적 · 시간적 부담과 사업 진척의 비효율성에 대한 개념이 부족하기 때문이다.

영업 거점 간의 거리가 멀어질수록 그에 비례하여 영업의 모든 여건이 불리해진다. 시간과 경비가 많이 소요되고 관리의 어려움이 증가하며 영업 진척 속도가 느려진다.

따라서 시장의 크기가 비슷하거나 다소 작더라도 가능한 인접 지역 위주로 영업 거점을 확장하는 것이 바람직하다.

왜냐하면 같은 양의 제품을 팔기 위해서 각기 멀리 떨어진 몇 십 개의 성회시를 공략하는 것보다는 지역적으로 근접한 몇 십 개의 중소도시를 공략하는 것이 모든 면에서 유리하기 때문이다.

첫째, 표적도시가 인접해 있으므로 지역 간에 미치는 파급효과로 인해 마케팅에 드는 시간과 경비를 절감할 수 있고 마케팅의 효율을 높일 수가 있다.

둘째, 유통 거리가 단축되므로 제품의 보급이 용이해지고 유통 경비가 절감된다.

셋째, 동선 거리가 짧아지므로 직원 및 거래처에 대한 관리가 용이해지고, 이동에 수반되는 경비와 시간을 절약할 수가 있다.

그러므로 장강삼각주와 주강삼각주와 같이 경제발전 지역이 집중되어 있는 경우에는 영업을 확장하기에 가장 적합한 지역이라고 할 수 있다.

중국영업을 하는 데는 많은 시간의 투자와 노력이 필요하다. 특히 아무런 기반이 없는 사업 초기에는 시간과 정열을 집중적으로 투자하여야만 매출이 발생할 수 있다. 무분별한 판매 지역의 확대는 경비의 증가와 관리상의 어려움을 초래하고 업무의 능률을 저하시키게 되므로, 가능한 한 중국 사업 본부의 자금과 업무 능력의 한도 내에서 가장 효율적인 지역만 선택적으로 공략하는 것이 최선의 방법이라고 할 수 있다.

필자는 중국에서 영업을 시작했던 첫 해에 전국 각지의 성회시 10여 곳을 동시에 공략했었다. 북경과 상해를 비롯하여 전국 각지의 성회시 10여 곳에 영업 및 마케팅 담당 직원을 배치하고, 세미나를 개최하는 등 전국의 주요 도시들을 대상으로 공격적인 마케팅을 진행했다.

하지만 그 중 북경과 광주 등 몇 곳을 제외한 약 절반 정도의 지역에서 매출이 거의 발생하지 않았다. 그 이유는 바로 시간 부족으로 인한 관리 불충분이었다.

의약품의 매출이 발생하기 위해서는 영업 및 마케팅의 기본조건이 충족되어야 한다. 우선 해당 지역에서 제품의 유통을 책임질 수 있는 도매상을 선정하여 거래를 터야 한다. 그리고 해당 지역의 영업 및 마케팅을 담당할 직원을 채용하여 교육을 시켜야 하며, 영업 직원이 많이 고용된 지역에서는 사무소를 설립해야 한다.

또한 이런 기본적인 여건이 준비된 후에는, 세미나 또는 학술 회의 개최와 같은 최소한의 마케팅 활동이 지원되어야만 비로소 매출이 발생하기 시작한다.

그런데 한 사람이 전국의 10여 개 성시에서 이 모든 일을 동시에 진행할 수 있는 방법은 없다. 아무리 급해도 반드시 한 곳의 업무를 완성한 후에 다른 한 곳으로 이동할 수밖에 없다. 그런데 전국의 10여 개 성시를 돌아다니며 이 많은 일을 완성하기 위해서는 정말 많은 시간과 체력이 필요하다.

일반적으로 도매상과의 거래를 트고, 직원을 채용한 후 교육시키고, 사무소를 설립하는 등, 한 지역의 영업 기반을 다지기 위해서는 적어도 2회 이상의 방문이 필요하다. 그리고 영업 기반이 다져진 후에는 세미나 및 마케팅 활동을 위한 방문이 적어도 한 지역에 1회 이상은 되어야 비로소 매출이 발생할 수 있는 여건이 조성된다.

즉, 영업 기반이 전혀 없는 사업 초기에는 적어도 영업 마케팅 책임자가 한 지역을 3회 이상 방문해야만 매출이 발생할 수 있다는 것이다.

하지만 이것은 거래를 맺은 도매상과 채용한 영업사원이 모두 우수하여 아무 문제없이 일이 최대한 빨리 진행될 경우에 그렇다. 만약 도매상이나 영업 사원 중 어느 하나라도 문제가 있어 교체를 해야 하는 경우, 또는 능력이 부족하여 일의 진척이 늦어지는 경우에는 방문 횟수가 2배 또는 3배 이상으로 늘어나게 된다.

그렇다면 전국의 15개 성시에서 사업기반을 다진 후, 모든 성시에서 매출이 발생하기 위해서는 최소 45회에서 최대 100회 이상의 방문이 이루어져야 한다. 하지만 일년에 100회 이상은 고사하고 45회 이상의 출장을 다니는 것 조차도 그리 쉬운 일이 아니다.

필자는 중국 영업을 시작한 후 처음 2년 동안은 일년에 250일 이상을 중국 각지로 출장을 다녔다. 하지만 아무리 바쁘게 움직여도 1주일에 3곳, 한 달에 10곳 이상을 방문하기가 어려웠다.

만약 15개 성시 모두에서 일이 순조롭게 잘 진행되는 경우라 할지라도, 적어도 5개월에서 6개월 동안은 쉼 없이 출장을 다니며 일을 진행해야만 겨우 매출이 발생할 수 있는 기반이 마련된다.

하지만 15개 성시 중 절반인 7~8개 성시에서 일이 예정대로 잘 진행되지 않을 경우에는, 거의 1년 내내 출장을 다니며 기반을 다져야 한다는 결론이 나온다. 그런데 이렇게 무리해서 여러 곳을 한꺼번에 공략할 경우, 적어도 절반의 지역에서 문제가 발생하게 될 확률이 높다.

필자의 경우도 그랬다. 첫 해에 공략했던 지역 십여 곳 중에서 약 절반의 지역에서만 매출이 발생했고, 나머지 절반의 지역은 여러 가지 문제점들이 발생하여 그 해에는 매출이 거의 일어나지 않았다.

하지만 그 다음해부터는 영업 본부의 직원이 충원되고 또 제품의 지명도가 높아지면서 첫해보다는 훨씬 빠른 속도로 매출이 증가했다.

영업 기반이 없는 사업 초기에는 이처럼 어느 한 지역에서 매출을 발생시키기 위해 많은 시간과 노력이 필요하다. 따라서 영업 기반이 전혀 없는 사업 초기에는 가능하면 주요지역부터 시작해서 우선 순위에 따라 한 지역씩 공략 지역을 늘려 나가는 것이 좋다.

5. 중국 내 유통

(1) 중국시장의 제품별 유통경로를 파악하라

유통은 중국시장 공략에 있어서 가장 중요하면서도 어려운 사항이며, 효율적인 유통방법을 찾아내는 것은 중국시장 공략의 핵심 포인트라고 할 수 있다.

중국시장 상황이 한국시장 상황과 많이 다른 만큼, 제품의 유통경로와 유통환경 또한 한국과 많은 차이점이 있다. 따라서 제품의 마케팅에 앞서 해당 제품의 유통경로를 상세히 파악하는 것이 무엇보다 중요하다.

유통 체계가 다르면 시장 접근방법이 달라지고 마케팅 방법도 달라진다. 중국 시장에 진출한 한국기업들은 반드시 해당 제품의 유통 경로를 자세히 파악하고 난 후에 그에 적합한 마케팅 계획을 세워야 한다.

의약품의 경우, 한국과 중국의 유통 경로는 매우 큰 차이점이 있다.

외자 제품은 대부분 대형마트위주로 판매된다.

한국에서는 제약기업이 자사에서 생산한 의약품을 전국 어느 지역이든 원하는 도매상과 병 · 의원 그리고 약국 등에 직접 납품할 수가 있지만 중국에서는 이것이 불법이다. 중국의 제약기업은 지역에 관계없이 오직 도매상에만 납품할 수 있으며 병 · 의원과 약국에는 납품할 수 없다.

따라서 병 · 의원 및 약국은 오직 도매상을 통해서만 납품을 받을 수 있다. 도매상에 대해서도 규정이 따로 있어서 해당 지역의 병 · 의원 및 약국은 오직 해당 지역의 도매상으로부터만 납품을 받을 수 있다. 즉, 북경의 도매상은 상해 소재의 병 · 의원 및 약국에 납품할 수 없고, 오직 북경 소재의 병 · 의원 및 약국에만 납품할 수 있다. 따라서 상해 소재의 병 · 의원 및 약국은 오직 상해 소재의 도매상으로부터만 제품을 납품 받을 수 있다.

이런 규정들로 인하여 중국에서의 의약품 영업 및 마케팅 방식은 한국의 마케팅 방식과 많은 차이가 있다.

까르푸나 기타 외자 유통업체에 비해 중국시장 진입이 늦었음에도 불구하고 놀라운 속도로 성장하고 있는 한국의 이마트의 성장은 한국제품의 판로개척에 많은 도움이 되고 있다.

한국에서는 목표하는 병 · 의원 및 약국에 직접 납품이 가능하므로 도매상에 대해 특별히 신경을 쓸 필요가 없다. 하지만 중국에서는 실제로 의약품이 소비되는 병 · 의원과 약국에 납품하려면 반드시 해당 지역의 도매상을 통해야 하는 절차가 있으므로, 제약기업의 1차적인 고객은 병 · 의원이 아닌 각 지역의 도매상들이다.

어느 지역의 어느 도매상과 거래를 트느냐가 제약 영업에 매우 중요한 요소가 되므로, 영업 초기에는 지역별로 유력한 도매상에 대한 정보를 수집하고 그 도매상과 거래를 트는 데 모든 힘을 기울여야 한다.

하지만 이렇게 파워가 막강한 지역의 도매상과 거래를 텄다고 하여 판매가 자동적으로 이루어지는 것은 아니다. 제약기업은 따로 또 병 · 의원과 약국 그리고 의사들에 대한 판촉을 해야만 비로소 실질적인 매출이 발생한다.

중국의 제약 유통이 이렇듯 복잡하게 규정되어 있는 것은 바로 사회주의 체제의 소산이다. 20년 전만 해도 중국은 국가에서 모든 국민에게 일자리를 제공했다. 따라서 국가에서는 많은 일자리가 필요했으므로 의약품 도매상도 1급, 2급, 3급 등 여러 계층으로 나누어 만들고, 의약품 납품 규정도 여러 단계로 복잡하게 만들어 놓아서 가능한 한 많은 일자리를 창출해야만 했다.

그러나 개혁개방 이후 자본주의 경제체제가 들어서게 되면서부터 국가에서는 더 이상 국민들에게 일자리를 제공해 주지 않고 있으며, 이전의 복잡하고 까다로운 여러 가지 제도에도 많은 변화가 일어났다.

요즈음의 중국은 사회주의 국가라는 사실도 잘 인식할 수 없을 정도로 많은 시스템이 자본주의화되어 있다.

하지만 자세히 들여다보면 중국은 아직도 많은 부분에 사회주의 국가의 특징을 갖고 있으며, 기업에 대한 제도와 규제 등 여러 가지 면에 있어서 자본주의 국가인 한국과는 많은 차이점이 있다.

(2) 유통은 가능한 지역 대리점을 이용하라

유통은 제조기업의 이익에 커다란 변수를 가져오는 주요 요인 중 하나다. 일반적으로 유통단계가 축소될수록 기업의 이익이 상승한다. 따라서 한국에서는 유통단계를 축소시켜서 직접 소비자에게 제품을 판매할 수 있는 점포와의 직거래를 늘리는 것이 제조 기업의 이익 창출을 위한 주요한 수단 중 하나로 인식되고 있다.

하지만 유통단계의 축소는 제품의 중간 마진을 보전하여 기업의 이익을 증가시키는 장점이 있는 반면, 기업이 다수의 거래처들과 직거래를 해야 하는 데서 오는 여러 가지 단점도 있다.

특히 중국과 같이 국토 면적이 크고 거래처에 대한 정보 입수와 관리가 어려운 나라에서는 다수의 소형 거래처들과 직거래를 하는 것은 매우 어렵고 위험천만한 일이라고 할 수 있다.

중국과 같이 국토 면적이 넓은 반면 유통 인프라가 확보되어 있지 않은 나라에서는 일정 부분의 유통 마진을 포기하더라도 다수의 소형 거래처와 직거래를 하는 것보다는 소수의 대형 대리점을 통해 거래를 하는 것이 유리하다.

의약품의 경우, 한국의 제약 기업들은 다수의 약국이나 병 · 의원 또는 도매상과의 직거래를 선호하는 반면에 중국의 제약 기업들은 소수의 대리점과의 거래를 선호한다.

물론, 의약품의 경우에 중국에서 제약 기업이 약국이나 병 · 의원과 직거래하는 것을 법으로 금지하고 있기 때문이기도 하지만, 제약기업과 도매상의 거래에 있어서는 도매상의 규모나 지역 그리고 거래 숫자에 아무런 제한이 없음에도 불구하고 다수의 소형 도매상과의 거래보다는 소수의 대형 도매상과의 거래를 선호한다.

일반적으로 각 성의 경제 상황에 따라 지역대리점을 두는데, 경제 상황이 좋은 성은 해당 성의 주요 도시별로 한 개씩, 경제 상황이 좋지 않은 성은 성회시와 몇 개의 주요 도시에서만 각기 한 개의 대리점과 거래를 맺고 그 지역의 유통을 맡긴다.

또한 상해와 같은 일급 대도시일 경우에는 각 구역별로 한 개씩 몇 개의 대리점과 거래를 맺기도 하고, 변경 지역인 경우에는 전체 성에서 오직 한 개의 대리점하고만 거래를 하기도 한다.

중국의 제약기업들이 이렇듯 유통 마진이 큰 다수의 소형 대리점과의 거래보다는 마진이 적은 소수의 대형 대리점과의 거래를 선호하는 데에는 다음과 같은 이유가 있다.

① 영업 진척이 느려진다

각 지역의 유력한 도매상들은 대개 그 밑에 수십 · 수백 개의 도 · 소매점 및 병 · 의원들과 거래 관계를 맺고 있다. 그리고 대개의 병 · 의원과 도 · 소매점들은 몇 개의 도매상들을 위주로 거래 관계를 맺고 있다.

따라서 유력한 도매상과의 거래는 그 밑의 수십이나 수백 개의 도 · 소매점 또는 병 · 의원들과의 거래를 자동적으로 틀 수 있는 계기가 되지만, 기업체가 자체적으로 수십이나 수백 개의 도 · 소매점들과 거래를 트자면 상당히 많은 시간과 노력과 비용이 필요하다.

대형 마트의 입점은 판매에 관건적인 요소라고 할 수 있다.

이런 상황은 기타 제품에 있어서도 마찬가지다. 만약에 어떤 기업이 특정 대리점을 통하지 않고 자체적으로 모든 대 · 소형 판매점과 직거래를 하려고 할 경우, 상해나 북경과 같은 대도시는 적어도 500~800개의 점포와 거래를 터야 하는데, 이렇게 많은 수의 거래처와 거래를 트는 데 소요되는 시간과 비용이 자체 유통망을 갖고 있는 유력한 대리점을 통해 거래를 트는 것보다 몇 배 또는 수십 배나 많이 든다.

② 입점 비용의 증가

중국에서는 어떤 매장에 제품을 입점시킬 경우, 해당 매장에 대해 입점비를 지급하는 것이 관례화되어 있다. 병원이나 약국의 경우에도 흔히 랜딩비라고 부르는 입점비가 있는데, 중국 어느 지역에서도 랜딩비가 없는 병원이나 약국을 본 적이 없다. 이것은 일반 소비 제품의 경우에도 마찬가지로 알고 있다.

일정 규모 이상의 판매점에 입점할 경우, 대개 입점비를 지급해야 한다. 그런데 일반적으로 유력한 대리점을 통해 입점할 경우의 입점비가 기업이 자체적으로 입점할 경우보다 적게는 몇 십 퍼센트에서 많게는 몇 배까지도 차이가 난다.

또 어떤 판매점의 경우에는 반드시 특정 대리점을 통해서만 입점시킬 수 있도록 규정되어 있으므로, 경우에 따라서는 해당 판매점에 입점시키기 위해 역으로 해당 판매점과 거래 관계가 있는 특정 대리점과 거래를 터야 하는 경우가 발생하기도 한다.

따라서 기업이 모든 판매점과 직거래를 하는 것보다는 유력한 도매상을 지역 대리점으로 지정하여 거래를 하는 것이 입점 비용을 감소시키고 입점 점포수를 늘릴 수 있는 가장 좋은 방법이라고 할 수 있다.

③ 수금관리가 어렵다

소수의 대형 거래처들과 거래를 할 경우에 거래처 선정 시부터 많은 검토를 거쳐서 신중히 선택하게 되므로, 불량 거래처를 선택하게 될 확률이 비교적 적고 또한 각 거래처와의 거래 대금이 비교적 크게 발생하므로 상호간에 의존도가 커지게 된다. 따라서 거래처들은 기업과의 거래 유지를 위해 거래처에 대한 대금 지급에도 신경을 쓰게 되므로 수금이 비교적 원활하게 이루어진다.

만약의 경우, 미수금 발생 시에도 일반적으로 거래처와의 거래 금액이 크고 또 거래처의 규모 또한 크기 때문에 사법적인 처리 등 여러 가지 조치를 취하기가 용이하다.

하지만 다수의 소형 거래처들과 거래를 할 경우에는 우량 거래처를 선별하는 데에 많은 어려움이 있고, 각 거래처와의 거래 대금이 크지 않아서 상호간의 의존도가 적어지게 된다. 또한, 거래처 중 약 50% 정도는 영업 상태가 좋지 않을 확률이 많은데, 이런 경우에는 미수금 발생 확률이 높아진다.

영업 상태가 좋지 않은 거래처인 경우에는 미수금 금액이 대체적으로 크지 않을 확률이 많은데, 미수금 금액이 작을수록 오히려 해결이 더욱 어려워진다.

소액의 미수금 회수를 위하여 사법적인 처리를 할 경우, 사법 처리에 소요되는 비용이 오히려 미수금을 초과하게 될 수 있다. 또한, 거래처가 사업장소에서 멀리 떨어진 경우에는 미수금 해결을 위해 해당 지역으로 가는 여러 번의 출장 비용만으로도 미수금 금액을 초과할 수도 있기 때문이다.

④ 물류 비용의 증가

만약 제조기업이 각 지역에 해당 지역의 유통을 책임지는 중간 대리점을 통하지 않고 다수의 소형 판매점과 직거래를 할 경우, 상해와 북경 같은 대도시에는 약 500~800개, 그보다 규모가 작은 중소도시는 약 300~500개 정도의 거래처를 갖게 된다. 이렇게 계산할 때, 제조기업이 중국 전역의 100개 정도의 주요 도시에서만 제품을 판매한다고 가정하여도 약 4만 ~ 5만 개 정도의 거래처를 갖게 된다는 계산이 나온다.

그렇다면 기업은 전국 각지에 퍼져 있는 4만 개가 넘는 거래처에 대한 물품의 배송과 관리 그리고 수금을 위해서 적어도 한 도시에 한 개씩 약 100개의 물류센터 또는 제품창고를 설립해야 한다. 그리고 그 물류센터 또는 제품창고의 유지 관리를 위해 직원을 채용하고 차량을 구입하고 또 관리를 해야 하는데, 이렇게 물류센터와 제품창고를 설립하고 유지하는 비용과 배송에 소요되는 직 · 간접적인 비용이 오히려 중간 대리점에게 할당해 주는 유통 마진을 초과할 수 있다.

이런 여러 가지 이유로 인하여 중국 내수 사업을 하는 기업들은 중국내자 기업뿐만 아니라 외자 기업들도 대부분 각 지역의 유력한 대리점을 이용하여 유통을 해결한다. 이는, 비단 소규모 기업뿐만 아니라 다국적 기업과 같은 대규모 기업들에 있어서도 마찬가지다.

왜냐하면, 일부 유통 마진을 포기하더라도 믿을 수 있는 대리점만을 선별하여 거래 하는 것이 가장 안전하고도 효과적인 방법이기 때문이다.

6. 판매점 선정 및 공략

(1) 지역별 판매점 현황을 파악하라

중국은 지역별로 경제 발전 편차가 심하므로 판매점의 발전 양상 또한 편차가 심하다. 예를 들어, 상해는 중국에서 편의점이 가장 활성화된 도시로 일정 금액 이상의 매출을 일으키는 편의점의 수가 3,992개(2005년 기준)나 되지만, 북경은 631개이고 천진은 15개밖에 되지 않으며 편의점이 전혀 없는 지역도 있다. 또한, 까르푸나 이마트 같은 대형 유통 업체도 아직까지는 일부 대 · 중도시에만 밀집되어 있고 소도시에는 많지 않다.

이런 판매점의 발전 양상은 곧 매출이 일어나는 최종 판매점이 결정되는 주요 요건이 되므로, 어떤 지역으로 진출하고자 할 때는 우선 그 지역에서 해당 제품이 팔리는 판매점의 주요 형태를 조사해야 한다.

이것은 곧 해당 지역에서의 마케팅 방법을 결정하게 되는 주요 요인이 되고, 또한 대리점 선정에도 결정적인 요인이 된다.

의약품의 경우, 중국 대부분의 도시에서는 아직까지도 병원 위주의 영업을 해야만 한다. 이는 중국 대부분의 도시에는 약국의 수가 많지 않고, 또한 약국의 수에 비해 매출 비중이 크지 않기 때문이다.

하지만 상해나 심천과 같은 일부 대도시에서는 약국의 수가 기타 지역에 비해 현저히 많고 약국들의 매출 비중 또한 크다. 따라서 상해나 심천과 같은 지역에서 영업을 하는 제약기업은 병원 영업 이외에 약국 영업에도 신경을 써야 한다.

병원과 약국은 의약품의 소비 환경과 조건이 완전히 다르다. 그래서 제약기업에는 대부분 병원 영업팀과 약국 영업팀이 따로 있는데, 제약기업과 마찬가지로 제약 영업을 하는 대리점들 역시, 병원영업을 주로 하는 대리점과 약국영업을 주로 하는 대리점으로 구분되어 있다.

만약 병원영업을 주로 하는 대리점에게 약국영업을 맡길 경우, 약국영업에서 실패할 확률이 크다.

그 이유는 병원영업을 주로 하는 대리점들은 대부분 약국들과 기존의 거래관계가 없으므로, 약국영업을 시작하기 위해서는 우선 수많은 약국들과 신규 거래를 터야 한다. 그런데 비록 대리점들이라 할지라도 수많은 약국들과 거래를 트는 데에는 많은 시간과 비용이 소요된다.

또한 대부분의 경우, 단위 약국의 매출은 단위 병원의 매출보다 작은 반면에 전체적인 수는 훨씬 더 많다. 따라서 약국 영업은 병원 영업에 비해 배송이나 수금 등에 소요되는 시간과 경비가 더 많이 소요된다. 그러므로 병원영업을 주로 하는 대리점들은 자연히 약국영업을 소홀히 하게 된다.

그러므로 약국의 매출 비중이 큰 상해나 심천과 같은 지역에서 제약 영업을 하기 위해서는, 반드시 병원영업을 담당하는 대리점과 약국영업을 담당하는 대리점을 동시에 선택하여야만 시장을 성공적으로 공략할 수 있다.

이런 상황은 의약품 이외의 기타 소비제품의 경우에 있어서도 마찬가지이다. 공략하고자 하는 지역에서 제품 판매가 주로 어떤 형태의 판매점 위주로 판매가 되는지를 파악해야만 그에 합당한 대리점을 선택할 수 있을 것이며, 또 그에 합당한 마케팅 계획을 세울 수 있을 것이다.

일반적으로 판매점의 형태에 따라 판촉방법도 달라지게 된다. 따라서 해당 지역에서의 제품의 주 판매점의 형태를 파악하는 것은 영업 마케팅에 있어서 주요한 선결 사항이라고 할 수 있다.

(2) 주 판매점 위주로 공략하라

제품에 따라 제품이 판매되는 판매점의 형태는 모두 다르고 또한 매우 다양하다. 하지만 어느 제품이든지 간에 매출의 대부분을 차지하게 되는 주 판매점의 형태가 있기 마련이다. 중국에서 영업을 하는 경우에는 바로 이 주 판매점을 위주로 공략하는 지혜가 필요하다.

모든 제품의 판매는 주 판매처의 판매가 50% 이상을 차지하게 마련이다. 그런데 나머지 50% 이하의 판매가 일어나는 판매점의 형태는 대체적으로 종류가 다양하며 그 수 또한 많다. 따라서 처음부터 판매 시장의 100%를 모두 다 잡으려고 욕심을 부리다가는 지나친 경비와 시간낭비, 그리고 정력낭비로 인하여 오히려 성공을 하지 못할 확률이 커지게 된다.

상해시내에 있는 월마트. 상해에는 월마트를 비롯하여 이마트. · 까르푸 등 대형 유통 업체가 많으며, 일반 소비제품의 가장 중요한 판매점이 되고 있다.

처음에는 우선 가장 많은 판매가 발생되는 판매점을 위주로 공략하고, 그 후 점차적으로 공략 범위를 넓혀 가는 것이 바람직하다.

예를 들어, 의약품을 판매할 경우에는 우선적으로 종합병원을 공략하고 그 다음이 중소형병원, 그 다음이 약국과 진료소, 그 다음이 보건소 등으로 순차적으로 공략하는 것이 필요하다. 영업 초기부터 그 모든 판매처를 동시에 공략하고자 한다면 어느 곳 하나도 성공하기가 힘들 것이다.

(3) 주요 목표 판매점 위주로 공략하라

모든 제품의 영업에는 해당 제품의 판매금액이 가장 크게 발생할 확률이 있는 몇몇 주요 목표 판매점이 있게 마련이다. 예를 들어, 소아의약품을 판매할 경우에는 해당 도시의 소아병원들이 가장 큰 목표 판매점들이고, 그 중에서도 규모가 가장 크고 환자수가 많은 병원이 제1목표가 된다.

의약품의 경우, 시장 진입 초기에는 대개 제1목표 판매점의 판매량이 해당 지역 전체 매출의 20% 이상을 차지하게 되고, 주 목표 판매점 중 상위 10위권 안에 드는 목표 판매점의 매출 합계는 해당 지역 전체 판매량의 50% 정도를 차지하게 된다.

따라서 시장 진입 초기에는 반드시 해당 지역의 목표 판매점을 예상 매출 크기 순으로 정렬하고 그 순위에 따라 공략하는 지혜가 필요하다.

만약에 목표 판매점의 순위를 결정하지 않고 되는 대로 공략할 경우에는 매출이 미미한 판매점을 공략하는 데 많은 시간과 경비를 허비하게 될 것이며, 이로 인해 주요 판매점에 대한 입점 기회가 점점 멀어지게 될 것이기 때문이다.

7. 대리점 선정

중국에서는 중간 대리점의 선정이 사업의 성패에 커다란 영향을 미친다. 어떤 대리점을 선택하느냐에 따라 기업의 영업 확장 속도 및 판매 그리고 수금에 있어서 지대한 영향을 받기 때문이다. 특히 중국내수 사업을 처음 시작하는 한국기업에게 있어서 적절한 중간 대리점의 선정은 기업의 성패를 좌우하는 중요한 요인 중 하나가 된다.

제조기업이 대리점을 통해 유통을 하는 주된 이유는

첫째, 대리점들은 폭넓은 유통망을 확보하고 있어 다수의 도 · 소매점과 거래관계를 갖고 있으며

둘째, 그들만의 특화된 채널로 비교적 짧은 기간 안에 다수의 점포에 입점시킬 수가 있고

상해 시내에 있는 편의점 중 하나인 all days,
상해에는 이외에도 수많은 편의점 체인 이 있다.

셋째, 대리점을 통해 입점할 경우, 일반적으로 점포 입점시에 소요되는 입점 비용이 제조기업에서 직접 입점할 때보다 절감되기 때문이다.

따라서 제조기업이 중간 대리점을 선정할 때, 중점적으로 고려해야 할 사항은 해당 업체의 사업 규모와 자금능력 그리고 거래처의 확보 수준 등이다. 즉, 해당 대리점이 거래 관계를 갖고 있는 도 · 소매점의 수가 어느 정도가 되는지, 해당 지역에서 해당 대리점의 영향력이 어느 정도가 되는지, 또한 자금상황은 양호한지 등이 대리점을 선정할 때 고려되어야 할 사항이다.

하지만 이에 앞서 또 하나 고려되어야 할 사항은 바로 제조기업이 대리점에게 바라는 역할이다. 즉, 제조기업이 대리점에게 바라는 역할이 오직 해당 지역의 유통 경로 확보와 점포수 확장인지, 아니면 추가로 판촉 담당

상해시내의 편의점 체인 중 하나인 KEDI

역할까지 원하는지를 고려한 후, 지역에 따라 필요에 부합되는 대리점을 선정하여야 한다.

(1) 대도시의 대리점 선정

상해나 북경과 같은 대도시의 경우에는 대부분의 제조기업이 영업 사무소를 설립하고 영업과 판촉을 담당하는 직원을 상주시킨다. 그러므로 이들 대도시에서 제조기업이 대리점에게 기대하는 역할은 대부분 제품의 입점 점포수 확장과 제품의 유통이다.

따라서 대도시에서는 대리점의 규모가 크고, 자금 상황이 양호하며, 거래 점포수가 많고, 또한 거래하고 있는 점포에 대해 일정한 영향력을 행사할 수 있는 일급 대리점이 제조기업이 선정할 수 있는 가장 적합한 대리점이라고 할 수 있다.

대부분의 외자 기업과 내자 기업이 진출해 있는 대도시의 경우에는 경쟁이 치열하여 점포에 대한 입점이 매우 어렵다. 일정한 역량을 갖고 있는 대리점을 통하지 않을 경우 대형 매장의 입점은 물론 소매점에 대한 입점 또한 쉽지가 않다. 따라서 이들 대도시에서는 가능한 판매점들에 대해 일정한 영향력을 행사할 수 있는 일급 대리점을 이용하는 것이 영업을 확장시킬 수 있는 효과적인 방법 중 하나다.

하지만 사업을 시작하는 초기 단계에 일급 대리점들과 거래를 트기는 여간 어려운 것이 아니다. 그 이유는 기업이 대리점을 선정할 때 여러 가지 선정 기준을 갖고 있듯이, 조건이 좋은 일급 대리점들 또한 그들이 선호하는 제조업체에 대한 선정 기준이 있기 때문이다.

대리점이 원하는 최상의 거래처 기준은 바로 기업의 규모가 크고 브랜드 파워가 있으며, 그 지역에 상주하는 영업 및 판촉 사원이 있어서 대리점에서 원하는 협조 사항을 수시로 해결해 줄 수 있을 뿐만 아니라 기업에서 실시하는 판촉활동이 활발하여 원활한 판매가 일어날 수 있는 기업이다.

따라서 이런 기준에 부합되지 않는 중소기업이나 신생 기업일 경우에는 일급 대리점과 거래를 트기가 쉽지 않으며, 일급 대리점과 거래를 트기 위해서는 중간 마진폭 등의 거래조건을 상당히 유리하게 조정해 주어야 한다.

하지만 이런 불리한 거래 조건은 제품의 판매량이 어느 정도 안정적인 수준에 도달하고 기업의 브랜드 이미지가 상승하게 되면 충분히 재조정이 가능하다. 그러므로 사업 초기에는 일정한 마진을 포기하더라도 영업 확장에 도움이 될 수 있는 일급 대리점을 이용하는 것이 바람직하다.

(2) 중소도시의 대리점 선정

대도시의 경우에는 대부분의 제조기업이 영업사무소를 설치하고 수명에서 수십명의 영업 및 판촉 담당 직원을 상주시키지만, 중소도시의 경우에는 그렇지 않은 경우가 많다. 일반적으로 상당히 공격적으로 영업을 하는 비교적 큰 규모의 기업이라고 할지라도 중소도시에는 대부분 1~2명 정도의 직원만을 두고 영업 및 마케팅을 한다. 따라서 이들 지역에서는 유통뿐만 아니라 일정 부분의 판촉 역할까지도 수행해 줄 수 있는 대리점을 선정하는 것이 바람직하다.

중소도시라고 할지라도 대다수의 일급 대리점들은 취급하는 품목의 수가 수백에서 수천 가지가 된다. 따라서 일급 대리점들은 신규 제품의 점포 확장에 크게 신경 써주지 않는다. 즉, 브랜드 파워가 없는 신생 기업이나 중소기업의 제품은 일급 대리점과 거래를 텄다고 해서 점포 확장이 자동적으로 이루어지는 것이 아니라, 기업측의 수많은 지원이 있어야만 가능하다는 것이다.

한 전자제품 판매회사의 거리 판촉 행사

그렇지 않을 경우, 납품한 제품이 대리점의 창고 안에 일정 기간 쌓여 있다가 다시 반품되는 경우가 허다하다. 하지만 사업을 시작하는 신생 기업이 모든 지역에 충분한 수의 판촉 사원을 상주시키고 지원활동을 하기란 쉽지 않은 일이다.

따라서 충분한 판촉활동의 지원이 가능한 지역에 대해서는 일급 대리점을 이용하여 신속한 점포 확장과 판매 상승을 유도하는 것이 좋지만, 그렇지 못한 지역에 대해서는 일급 대리점보다는 이급 또는 삼급 정도의 규모가 비교적 작은 대리점을 이용하는 것이 더욱 효과적이다.

규모가 비교적 작은 대리점들은 일급 대리점들에 비해 거래를 트고 있는 점포 수가 작고 거래처에 대한 영향력도 작다. 하지만 그에 반해 취급하는 품목 수도 작고 유명기업의 거대 품목 취급도 별로 없기 때문에, 거대 품목으로의 성장 가능성이 있다고 판단되는 제품에 대해서는 점포 입점과 판촉 활동에 대해 지원을 아끼지 않는 경우가 종종 있다.

따라서 제조 기업이 충분한 지원을 해주기가 어려운 지역에 대해서는 규모가 비교적 작고 거대 품목의 취급이 작은 대리점을 선정하여 협력하는 것이, 일급 대리점을 이용하는 것보다 훨씬 효과적이라고 할 수 있다. 다만, 이 경우에는 거래처의 신용도와 자금상황에 대한 검토를 철저히 하여 도산의 위험이 없고 수금 문제가 발생할 확률이 작은 대리점을 선정하는 것이 무엇보다 중요하다.

8. 중국 내의 판촉 방법

상품을 판촉하는 방법은 수없이 많이 있다. 제품에 따라 그리고 사업의 규모에 따라 주로 사용하는 판촉 방법 또한 다를 수밖에 없다. 하지만 제품의 종류에 관계없이 대중적으로 사용하는 판촉 방법들이 있으며, 그 중에서 가장 많이 사용되는 판촉 방법 몇 가지에 대해서만 간단하게 살펴보고자 한다.

(1) **광고**

① TV광고

TV광고는 중국기업들이 가장 선호하는 광고 수단이며 가장 빠르고 효과적인 마케팅 방법이기도 하다. 동시 다발적으로 모든 사람들에게 제품을 인식시켜 줄 수 있는 TV광고는 모든 광고 수단 중 그 효과가 가장 크다고 할 수 있다. 하지만 TV광고는 고비용이라는 결정적인 단점이 있다.

적절한 TV광고는 매출 증대로 인해 기업의 이익에 도움을 주지만, 적절치 못한 TV광고는 기업의 자금난을 가중시키는 요인이 된다. 특히 중국시장과 같이 표적고객의 밀집도가 떨어지는 시장에서는 고비용의 TV광고를 실시하는 데 있어 신중을 기해야 한다.

중국의 TV채널은 전국적으로 방영되는 중앙 TV채널(CCTV)이 있고 지역별로 방영되는 지역 TV채널이 있다. 중앙 TV채널은 전국의 시청자를 대상으로 제작되므로 모두 표준어로 방영되며 내용도 어떤 특정 지역에 편중되어 있지 않다. 하지만 지역 TV채널은 해당 지역의 시청자들을 대상으로 제작되는 것인 만큼, 모든 프로그램이 표준어로 제작되는 중앙 TV채널과는 달리, 일부 프로그램은 해당 지역의 방언으로 제작되기도 한다.

또한 프로그램 내용 면에서도 해당 지역을 중심으로 하는 내용들이 주를 이루게 되므로 중국인들은 대부분 지역 TV채널을 즐겨 본다.

따라서 TV광고를 할 때에는 중앙 TV에 비해 비용이 저렴하고 표적고객이 집중되어 있는 지역 TV채널을 이용하는 것이 좋다.

현재 중국에 진출해 있는 한국기업 중에서 TV광고를 이용하는 기업은 그리 많지 않다. 그것은 유통 등 영업기반이 튼튼하게 자리 잡히기 전에는 천문학적으로 높은 중국의 TV광고 비용에 비해 창출되는 수익 효과가 그리 높지 않기 때문이다. 따라서 중국에 진출하는 중소기업들은 TV광고를 집행하는 데 있어서 신중을 기하는 것이 좋다.

② 잡지 광고

중국에도 각 분야별로 수많은 잡지가 있다. 의학잡지 · 패션잡지 · 전자잡지 · 레저잡지 등 각 분야별로 여러 종류의 잡지가 출간되고 있으며, 구독자도 적지 않다.

중국에서 발행되는 디지탈 잡지 数码,
디지탈 제품 광고에 효과적인 매체다.

중국에서 발행되는 패션 잡지 VOGUE,
여성의류나 화장품 광고에 적합한 광고매체다.

잡지의 경우, 대부분 전국적으로 출간되므로 표적고객이 특화되어 있는 제품인 경우에는 잡지 광고가 효과적인 마케팅 방법이 될 수 있다. 또한, 잡지의 광고 게재비용은 TV광고 비용에 비해 훨씬 저렴하므로 한국기업이 이용하기에 매우 적합한 광고 방법이라고 할 수 있다.

③ 신문 광고

중국은 지역별로 신문이 출간된다. 따라서 신문 광고를 이용 시에는 주요 판매 지역에서 출간되는 지역 신문을 이용해야 한다. 하지만 중국인들의 신문 구독률은 한국에 비해 높지 않기 때문에 신문 광고에 의한 홍보 효과가 한국에 비해 낮다고 할 수 있다.

最有用的新闻 最好看的报纸

新闻晚报

SHANGHAI EVENING POST

胡锦涛参加首都义务植树活动

吴邦国温家宝贾庆林曾庆红吴官正罗干等一起参加

新妈妈困惑：沪上月嫂市场怎么啦

23天换了5个月嫂

沙尘肆虐

▶▶▶A8

时政要闻

王安顺任

北京市委副书记

欧盟公共场所推广禁烟令

打造"无烟"欧洲

＞＞＞A24

上海电气

CHERY

[冷空气来到]

申城一夜跌去10℃

明日继续大幅降温

本报记者调查月嫂市场

"速成月嫂"

到手月薪3000元

▶▶▶A3

紧急寻找一千名瘦人

订购热线：021-50459900

상해에서 발행되는 석간신문 중 하나인 新聞晩報

④ 버스 외부 광고

버스의 외부에 제품광고를 하는 것도 일반적으로 사용하는 광고방법 중 하나다. 필자도 중소도시에서 이런 광고를 이용해 본 적이 있는데, 저렴한 광고비용에 비해 효과가 좋았다.

버스 뒷면에 부착된 KDNICA MINOLTA 광고

⑤ 택시 내부 광고

택시 내부 광고 역시 각광 받고 있는 광고 방법 중 하나다. 광고전단을 작성하여 비닐 커버를 한 뒤 조수석의 뒷면에 달아놓는 것으로, 택시 뒷좌석에 승차하는 승객을 대상으로 하는 광고다.

개인 택시가 있는 한국과는 달리 중국의 택시는 모두 회사에서 운영하는 것이므로, 택시회사와의 광고계약을 통해, 일정기간 동안 해당 회사의 모든 택시 또는 일부 택시에 광고 전단을 부착하게 한다. 택시 광고는 일반적으로 대형 식당이나 병원 등 소규모 사업체가 즐겨 사용하는 방법으로서 광고 효과가 상당히 좋은 방법이다.

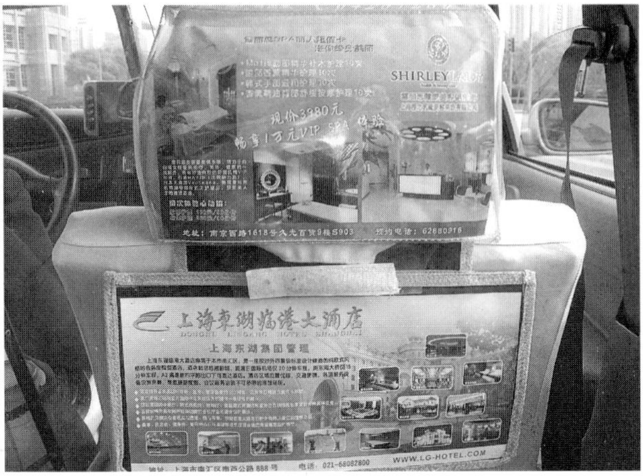

택시 조수석 뒷면에 걸린 SPA광고(상)와 호텔광고(하)

택시를 타고 다니는 승객이라면 외자 제품의 고객이 될 수 있는 잠재 고객일 확률이 크다고 볼 수 있는데, 택시를 타고 가는 동안 계속적으로 해당 광고 문안을 보게 되므로 광고 효과가 좋다. 또한 광고비용도 비교적 저렴하므로 특정 소비자를 대상으로 하는 제품이 아니라면 사업초기에 이용하기에는 적합한 광고방법이다.

지하철 선로변에 있는 광고판,
상해의 지하철은 대부분 유리문이 설치되어 있다.

⑥ 지하철 광고

중국에도 지하철이 발달된 도시들이 많이 있다. 그 대표적인 도시 중 하나가 상해로, 상해의 지하철은 매우 발달되어 있으며, 이용객 수 역시 상당히 많다. 따라서 지하철 역사 내와 전동차 안의 광고는 기업들이 가장 선호하는 광고 방법 중 하나다.

⑦ 옥외 광고

대부분의 나라에서 선호하는 광고 방법 중 하나인 옥외 광고는 중국에서도 역시 기업들이 선호하는 광고 방법 중 하나다. 특히 공항이나 번화가, 및 유명 관광지 등은 기업들이 가장 선호하는 장소들이다.

상해시의 중심부에 위치한 와이탄 지역은 중국에서 가장 유명한 관광명소 중 하나이자 옥외 광고의 명소라고 할 수 있다.

상해 와이탄 지역에 걸린 옥외광고

(2) 세미나

세미나는 매우 효과적인 판촉방법이기는 하나 제품에 따라 효용도가 다르다고 할 수 있다. 의약품인 경우에는 주 고객이 의사들이므로, 영향력이 있는 의사들을 대상으로 하는 기업 및 제품 홍보 세미나가 가장 효과적인 판촉방법 중 하나다.

세미나는 표적고객들만을 엄선하여 장시간에 걸쳐서 집중적으로 홍보를 할 수 있고, 또한 그들과 긴밀한 유대관계를 맺을 수 있는 기회가 제공되므로, 의약품과 같이 표적고객이 특화되어 있는 제품인 경우에는 저렴한 비용으로 가장 큰 효과를 얻을 수 있는 최상의 판촉방법이라고 할 수 있다.

필자가 중국영업에서 가장 애용하는 판촉 방법이 바로 제품 홍보 세미나인데, 특히 영업 초기에는 이 세미나의 파급 효과가 엄청나게 크다.

(3) 고객 대상 판촉 행사

직접적으로 고객을 대상으로 진행하는 판촉행사 역시 좋은 판촉방법 중 하나다. 행사 방법은 매우 다양하므로 제품에 따라 선택적으로 시행할 수 있다. 요즈음 상해의 중심가에서는 무대를 마련하고 나레이터 모델이나 무용수들을 이용하여 이목을 집중시키는 판촉행사를 자주 볼 수 있다. 이런 행사도 홍보 효과가 큰 방법 중 하나이다. 또한, 이런 행사를 진행 시에는 지역신문이나 방송에 무료로 소개되는 기회를 얻을 수도 있으므로, 적은 비용으로 큰 효과를 볼 수 있는 좋은 판촉방법 중 하나이다.

필자가 메디락비타를 판매하던 당시에는 '어린이 날' 등의 특정한 날에 공원이나 시내 중심가처럼 사람이 많이 밀집하는 곳에 의사들을 초빙하여 무료진료를 실시함과 동시에 제품의 샘플과 함께 풍선 같은 작은 선물을 제공하는 행사를 진행하였는데 소비자들의 반응이 매우 좋았다.

상해 시내에서 개최된 무용수를 동원한 판촉활동

(4) 샘플링

이 방법은 제품에 따라 적용할 수 있는 범위가 제한되어 있기는 하지만 고객들에게 샘플을 나누어 주는 샘플링도 좋은 홍보 방법 중 하나다.

어느 나라 사람이나 마찬가지겠지만, 중국인들 역시 공짜를 매우 좋아한다. 따라서 무료로 샘플을 나누어 주는 데 대해 반감을 갖는 소비자는 아무도 없다.

샘플의 사용은 소비자로 하여금 해당 제품의 품질에 대한 의구심을 불식시킬 수 있고 또한 친근감을 갖게 할 수 있는 방법이므로, 적당한 샘플링은 효과적인 판촉방법 중 하나다.

제4장 중국 내의 영업 및 영업관리

기업이 성공하기 위해서는 우수한 마케팅과 영업이 병행되어야 한다. 아무리 풍부한 군수 물자가 있어도 제대로 훈련된 사병이 없으면 전쟁에서 승리할 수 없듯이, 아무리 좋은 마케팅을 하여도 영업이 따라 주지 못한다면 사업의 성공은 있을 수 없다.

반대로 아무리 좋은 영업력이 있어도 적정한 마케팅이 뒷받침이 되지 않는다면 역시 큰 성공은 기대할 수 없다. 기업이 성공하기 위해서는 반드시 우수한 영업에 적정한 마케팅이 지원되어야 한다.

영업과 마케팅은 사업의 성패에 있어서 동등한 비중을 갖고 있다. 하지만 굳이 그 우선 순위를 매기자면 영업이 마케팅보다 앞선다고 할 수 있다. 그것은 중요도에 있어서가 아니라 순서에 있어서의 우선 순위가 그렇다.

마케팅은 영업을 지원하는 업무다. 따라서 영업을 하기 위한 기본 틀이 잡혀 있지 않은 상태에서 마케팅은 의미가 없다고 할 수 있다. 제품을 팔기 위한 모든 영업 조건이 확보된 후에라야 이를 지원하는 마케팅이 빛을 발하게 되는 것이다.

만약 제품을 팔기 위한 아무런 영업적 토대가 없는 상태에서, 또는 영업적 토대가 제대로 확보되지 않은 상태에서 마케팅을 한다면 이는 십중팔구 무의미한 경비의 낭비만을 초래하게 될 것이다. 따라서 마케팅을 하기 위해서는 반드시 제대로 된 영업 시스템이 우선 구축되어야 한다.

중국에 진출한 상당수의 외자 기업들은 마케팅에 앞서 바로 이 영업 시스템 구축에 많은 어려움을 겪고 있다. 중국에 진출한 외자 기업 중에는 부적절한 영업 시스템 구축으로 인하여 제대로 된 마케팅을 해볼 기회조차 갖지 못한 채로 중국시장에서 사장되는 경우가 발생하기도 한다.

이런 비극적인 결과가 생기게 되는 원인은 바로 중국 시장의 영업 환경에 대한 이해 부족에 기인한다고 할 수 있다.

중국은 소위 말하는 "중국특색의 사회주의 국가"로 사회주의 정치체제하에 자본주의 시장경제 체제가 혼합된 나라다. 그러므로 국가의 제반제도와 규정 그리고 국민들의 의식구조 등 여러 면에 있어서 한국의 상황과는 상당히 다르다.

따라서 그 특징적인 점을 제대로 파악하지 못한다면 적절한 영업 시스템을 구축하기가 쉽지 않으며, 이는 곧 사업의 성공을 가로막는 커다란 요인이 될 것이다.

제4장에서는, 중국시장에서 적정한 영업 시스템을 구축 하는 데 있어서 반드시 알고 있어야 하며, 주의해야 할 기본적인 사항들에 대해 살펴보고자 한다.

1. 중국 시장에서의 영업 형태

(1) 일반적인 영업 형태

일정 규모 이상을 갖춘 제조기업의 중국시장에서의 보편적인 영업 형태는 다음과 같다.

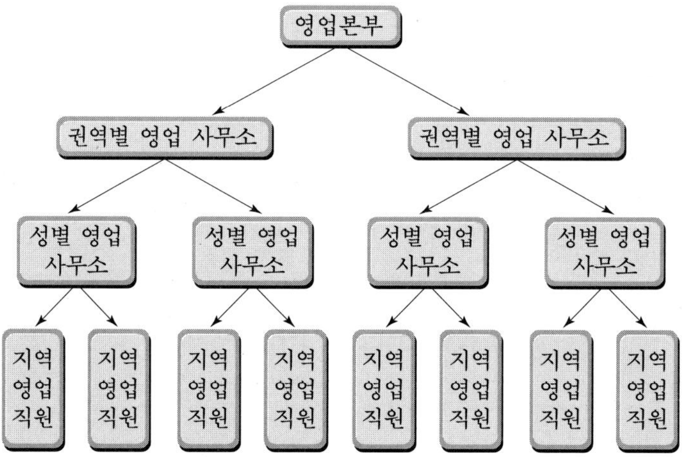

즉, 영업본부 산하에 권역별로 영업 사무소가 있고 그 밑에 다시 각 성별로 영업 사무소가 있으며 그 밑에 다시 각각의 도시별로 영업직원이 있다.

영업본부는 전국의 영업을 관장하고, 권역별 영업 사무소는 화동지구 또는 화남지구 등으로 일정 지역을 한 개의 권역으로 나누어 관장하며, 성별 영업 사무소는 해당 성에 소속된 각 도시의 영업직원들을 관장한다.

중국에서 영업직원들 역할은 일반적으로 한국에서의 영업직원 역할에 판촉직원의 역할까지 합한 것이라고 볼 수 있다. 다만, 제품의 배송 및 수금 등 유통에 관련된 업무는 대개의 경우에 지역 대리점을 통해 진행된다.

영업직원의 주 업무는 제품의 판촉 및 영업, 지역 대리점 및 거래처 그리고 고객의 관리 등이다.

중국은 나라가 크기 때문에 규모가 상당히 큰 기업이라고 할지라도 전국 모든 지역에 영업사무소를 설립하고 영업직원을 상주시키기는 어렵다. 따라서 주요 지역별로 영업지역을 확대해 나가되, 투자 대비 회수율이 크게 될 가망성이 없는 소도시나 지역들은 과감히 포기해야 한다. 그런 지역들의 영업은 지역도매상을 이용하는 것이 훨씬 효율적이다.

(2) 전국 총판을 이용한 영업 형태

중국에 진출한 외자 또는 합자 기업 중에는 제품의 생산만을 책임지고 영업에 대한 모든 사항을 타 기업에 위탁하는 총판제도를 이용하는 기업도 종종 있다. 이는 중국의 시장 상황에 대해 어둡고 중국 내수 영업을 하기에는 자금이나 인력 등 여러 가지 여건이 불충분하다고 판단되는 경우에 사용하는 방법으로, 중국 영업에 능력이 있다고 판단되는 특정 판매상에게 영업 및 마케팅을 일임하는 방법이다.

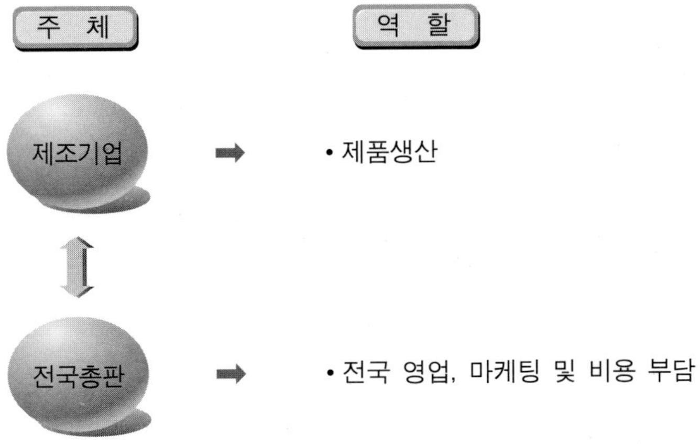

이런 총판 제도를 이용할 경우, 제조기업은 생산된 제품에 일정 마진을 붙인 다음, 총판에게 넘기고 영업 및 마케팅에 소요되는 비용은 모두 총판이 책임지게 된다. 그러므로 초기 시장 구축에 필요한 경비의 지출을 절감할 수 있다.

또한, 중국 영업에 대한 지식이 전무하고 자금과 인력이 충분치 않은 사업 초기에는 영업력이 우수한 총판을 이용하는 것이 초기 영업 실패의 위험성을 감소시킬 수도 있다. 하지만 총판 제도를 이용할 경우, 제품의 큰 성공을 기대하기는 어렵다.

총판을 대행하는 대다수의 판매상들은 만약에 제품의 판매가 성공할 경우에는 언제든지 생산기업 측에서 해당 제품을 회수해 갈 것이라는 생각을 하고 있다. 따라서 그들이 하는 영업 방법은 대대적인 마케팅에 의한 영업이 아니라 기존의 영업력을 이용한 지엽적인 경우가 많다. 즉, 제품의 시장 구축에 많은 자금을 투입하지 않는 경우가 대부분이다.

따라서 일반적으로 사업 초기에는 제조기업이 자체적으로 영업을 진행하는 것보다 좀 더 빠른 속도로 영업이 진행되지만, 일정 시간이 지난 후에는 성장속도가 현저히 떨어진다. 그것은 마케팅을 하지 않고 영업을 함으로써 발생하는 현상으로, 일반적으로 사업 시작 후 2~3년 후부터 매출이 둔화되기 시작한다.

이는 적극적인 마케팅을 통해 영업을 하는 제품이 대부분 출시 후 2년째부터 본격적인 성장 궤도에 오르는 것과 매우 대조적인 현상이라고 할 수 있다. 중국에 진출한 한국 제약기업 중에도 이런 총판 제도를 이용하는 경우가 많은데, 성공한 예가 드물다.

또한 만약 총판을 맡긴 첫 제품이 성공했다고 하더라도 그 영업 조직이 제조기업의 조직이 아닌 만큼, 추후 생산되는 제품에 대해서는 또다시 총판을 맡기지 않는 한, 언제나 영업을 맨 처음부터 새로 시작해야 하는 부담이 있다.
만약 기업의 자금상황이 크게 나쁘지 않고 제품의 종류가 다양한 경우에는 가능한 총판을 이용하기보다는 처음부터 자체 영업망을 구축하여 영업을 시도하는 것이 바람직하다.

다만, 생산 기업의 규모가 작고 중국 마케팅을 하기에는 자금과 인적 자원 등 여러 가지 면에서 어려움이 클 경우에 유력한 총판을 이용하는 것도 중국 영업을 하는 하나의 방법이 될 수 있다.

하지만 만약 중국 내에 생산공장을 설립하지 않고 제품만 수출할 경우에는 이런 총판제도를 이용하는 것이 좋은 방법 중 하나라고 할 수 있다. 총판을 대행하는 판매상의 경우에도 중국 내에 생산 공장이 없고 제품만 수출하는 기업의 제품인 경우에는 제품의 판매에 훨씬 더 많은 자금과 정력을 투자한다. 그 이유는 중국 내에 생산공장이 없는 기업일 경우, 단 시일 내에 중국으로 진출할 가능성이 적고, 또한 진출한다고 하여도 자체 영업망을 확보하여 제품을 회수해 가기까지는 상당한 시간이 소요되기 때문이다. 그러므로 자신들이 투자한 대금을 회수할 수 있는 충분한 시간이 보장된다고 판단되므로 적극적인 마케팅을 펼치게 되는 것이다.

의약품의 경우에도 수입품일 때에는 총판의 영업에 의해 성공한 케이스가 많이 있지만, 중국 내에 생산 공장을 갖고 있는 제품의 경우에는 총판을 이용하여 성공한 케이스가 많지 않다.

(3) 지역별 총판을 이용한 영업 형태

총판을 이용하는 방법 중에는 전국을 하나의 판매상에게 일임하는 전국 총판이 있고, 중국 전역을 지역별로 나누어서 여러 개의 판매상에게 위탁하는 지역별 총판이 있다. 이 두 가지 방법은 각기 장점과 단점이 있으므로, 총판을 이용하는 경우에는 두 가지 방법의 장단점을 고려하여 채택하는 것이 좋다.

중국 내자기업 중에는 지역별 총판 제도를 이용하는 기업이 상당수 있다. 특히 규모가 비교적 작은 기업의 경우에는 이런 제도를 많이 사용하는데, 이는 전국을 대상으로 마케팅을 할 능력이 없는 경우에 사용하는 방법이다.

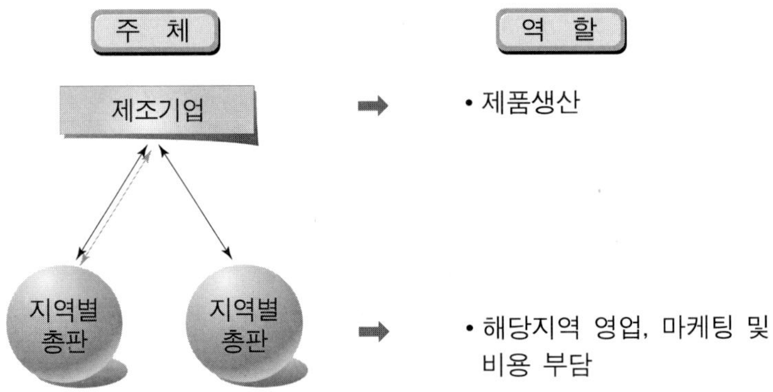

(4) 전국 총판과 지역 총판의 장 · 단점

① 전국 총판을 이용할 경우

장점 : 전국 시장을 한 개의 판매상이 담당하게 되므로 가격 혼란으로 인한 시장 파괴의 가능성이 적고 마케팅에 주력할 가능성이 크다.

단점 : 한 개의 판매상이 전국을 공략해야 하므로 영업이 진행되는 속도가 느리고 해당 판매상의 영업력이 우세한 일정 지역을 제외한 대부분 지역에서 매출이 미미할 가능성이 크다. 또한, 독점 대리인이라는 이점을 이용하여 생산 기업에게 부당한 요구를 하거나 수금을 미루는 등 독단적인 행동을 할 가능성이 있다.

② 지역별 총판을 이용할 경우

장점 : 각자 판매 우위를 점하고 있는 지역별로 판매상을 채택하여 판매를 위탁하므로, 초기 시장 공략 속도가 빠르게 진행될 수가 있다.

단점 : 여러 개의 판매상이 동시에 여러 지역에서 영업을 하게 되므로 각자의 담당 구역 이외의 지역을 침범할 소지가 다분히 있고, 또 그로 인한 가격 혼란의 야기로 인하여 시장의 파괴가 일어날 가능성이 있다. 또한, 각자 일정 지역만 담당하게 되므로 전국적으로 진행되는 행사 참여 등 마케팅 활동에 대한 비용 지급 및 역할 분담 등으로 인해 혼란이 야기될 수 있으며, 이로 인해 마케팅을 적극적으로 진행하지 않게 되는 폐단이 생기기도 한다.

2. 가격 및 지역 관리

(1) 출하가격의 통제

중국에서 영업을 하는 데 있어서 매우 관건적인 요소 중 하나가 바로 제품의 출하가격을 관리하는 것이다. 만약에 어떤 제품의 출하가격이 지역별 또는 대리점 별로 너무 많은 차이가 있게 될 경우, 시판가격의 혼란을 야기하게 되고 이는 제품의 판매에 막대한 영향을 끼칠 뿐만 아니라 기업의 이익을 감소시키는 직접적 요인이 되기 때문이다.

예를 들어, 시중 판매가격을 100원으로 책정한 A라는 제품을 상해지역의 유통 담당 대리점에게는 80원에 출하하고, 절강성 유통 담당 대리점에게는 70원에 출하하며, 강소성 유통 담당 대리점에게는 60원에 출하하였다면 이건 분명 문제 발생의 소지가 있는 것이다.

80원에 제품을 공급받은 상해의 유통 대리점은 상해 시내의 소매점들에게 일반적으로 85원~90원 사이에 제품을 공급하게 된다. 그런데 70원이나 60원에 제품을 공급받는 절강성이나 강소성의 유통 대리점들은 해당 지역의 소매점들에게 75~80원 또는 65~70원 사이에 제품을 공급하게 된다.

헌데, 이렇게 싼 가격으로 제품을 공급받은 절강성이나 강소성의 유통 대리점들이 해당 지역의 소매점들에게만 싼 가격으로 판매를 하면 큰 문제가 없겠지만, 이들 대리점들이 가격이 비교적 높게 공급되는 타 지역의 소매점들에게 제품을 공급하게 되면 문제가 커지게 된다.

만약에 상해의 유통 대리점에서 제품을 공급받는 상해의 A라는 점포는 해당 제품을 100원에 판매하는데, 절강성의 대리점에게서 제품을 공급받는 상해의 B라는 점포에서는 90원에, 그리고 강소성의 유통 대리점에서 제품을 공급받는 상해의 C라는 점포에서는 80원에 제품을 판매하게 된다면 당연히 80원에 제품을 판매하는 점포의 매출이 상승하게 될 것이다.

이렇게 될 경우, A점포와 B점포는 제품을 가장 싸게 공급하는 강소성의 대리점에게서 제품을 공급 받으려고 할 것이며, 상해나 절강성의 유통 대리점 역시 출하가격의 인하를 요구하게 될 것이다. 따라서 해당 제품의 출하 및 시판 가격은 어쩔 수 없이 하향 조정될 수밖에 없는 결과를 초래하게 될 것이므로, 이는 기업의 이익을 감소시키는 직접적인 요인이 되는 것이다.

물론, 영업을 하는 데 있어서 모든 거래처에 대한 거래가격이 동일할 수는 없다. 일반적으로 출하가격은 구매물량에 근거하여 일정한 차이를 두게 되지만, 시판 가격의 혼란을 야기시킬 수 있을 만큼의 출하 가격의 차이는 두지 않는 것이 좋다. 파격적인 가격 인하 정책은 일시적인 매출 상승 효과를 가져 올 수는 있지만 장기적인 관점에서는 오히려 마이너스가 되기 때문이다.

따라서 제품의 안정적인 판매를 위해서는 일시적인 판매 상승 기대에 의한 가격 파괴를 자제하고 모든 지역에 있어 일정 수준의 가격 통제를 실시해야 한다.

흔히들 중국은 나라가 크기 때문에 지역별로 다소 차이가 나는 가격으로 제품을 공급한다고 하여도 별문제가 없을 것이라 생각하지만, 자신의 이익과 직결되는 금전적인 문제는 일주일 만에 전국적으로 퍼져 나갈 수 있는 곳이 바로 중국이다.

(2) 대리점별 판매지역 통제

중국영업에서는 일반적으로 지역별로 유통 담당 대리점을 두게 된다. 대리점과의 계약 체결 시에 일반적으로 담당 구역을 명시하게 되며 담당 구역 이외 지역에 대해서는 침범하지 않는 것을 기본 조건으로 한다. 하지만 이런 조건들은 매우 쉽게 깨지는 것이 현실이며, 그렇다고 해서 그것에 대해 처벌을 하거나 책임을 묻는 것도 쉽지 않다.

이런 판매 지역 침범 현상은 주로 판매가 안 되는 지역으로부터 판매가 잘 되는 지역을 대상으로 발생한다. 예를 들어, 어떤 제품이 상해에서는 판매가 잘되고 강소성과 절강성에서는 판매가 안 될 경우에 강소성과 절강성의 유통 대리점들, 또는 그들로부터 제품을 구매한 또 다른 대리점들이 상해에 있는 어떤 유통 대리점(제조기업의 지정 대리점 이외의 기타 대리점) 또는 소매점들에게 상해지역 담당 유통 대리점이 공급해 주는 가격보다 저렴한 가격으로 제품을 공급해 주는 것이다.

이럴 경우, 실제 상해지역에서 발생하는 매출의 크기에 비해 상해지역 담당 유통 대리점의 매출은 작게 발생되고 절강성과 강소성 유통 대리점의 매출은 해당 지역의 실제 매출보다 크게 발생하게 된다. 이런 상황의 발생은 상해지역 담당 유통 대리점과 해당 지역 담당 영업사원의 업무에 대한 적극성을 저하시키고 궁극적으로는 시장을 파괴시키는 요인이 된다.

일반적으로 어떤 시장에서 매출이 발생하려면 제조기업의 마케팅 노력과 함께 해당 지역 유통 대리점의 다방면의 협조가 수반되어야 한다. 헌데, 노력을 한 결과가 엉뚱한 곳으로 흘러 들어가게 된다면 제품의 판매에 적극적으로 협조를 하던 대리점들은 협조를 하지 않게 될 것이고 해당 지역의 영업 담당자 또한 업무에 대한 적극성을 상실하게 될 것이다.

중국 시장에서 판매되는 의약품 중에는 매출이 빠른 속도로 신장하다가 이런 지역 침범 현상으로 인한 시장 파괴로 인하여 성공하지 못한 제품이 상당수 있다. 따라서 기업은 제품의 매출에만 관심을 둘 것이 아니라 제품이 판매되고 있는 지역의 매출 상황에 대한 관리 감독에 대해서도 많은 주의를 기울여야 한다.

3. 수금 관리

수금은 기업의 영업 활동 중에서 가장 어려운 부분이다. 특히 중국과 같이 신생기업과 부실기업이 많고 거래처에 대한 정보 수집이나 신용도 조사가 어려운 나라에서 수금은 특별히 신경 써야 되는 부분이다.

중국시장에 진출한 외국기업 중 상당수가 수금지연과 미수금 누적으로 인하여 어려움을 겪고 있다. 매출은 있지만 그에 상응하는 수금이 이루어지지 않는 수금지연과 미수금의 누적은 외국기업이 중국시장에서 성공하지 못하는 주요 원인 중 하나라고 할 수 있다.

기업이 수금으로부터의 위험을 최소화할 수 있는 가장 좋은 방법은 바로 현금 매출이다. 모든 제품을 현금으로 판매한다면 미수금이나 수금 지연으로 인한 경제적 어려움은 없을 것이다. 하지만 기업의 브랜드 파워가 전혀 없는 사업 초기에 현금 판매를 한다는 것은 현실적으로 실현 가능성이 매우 희박한 것이고, 브랜드 파워가 어느 정도 있는 기업이라고 할지라도 쉽지 않은 일이다.

매출의 대부분을 외상 매출에 의존할 수밖에 없는 대다수의 제조업체들은 모두 수금 지연이나 미수금 발생의 위험성에 노출되어 있다. 하지만 예방책을 철저히 하고 관리를 강화한다면 미수금 발생 확률을 현저히 줄일 수가 있다. 중국 시장에서의 안전한 수금 관리를 위해서는 몇 가지 사항을 지키는 것이 중요하다.

(1) 직원에 의한 직접 수금은 절대 금하라

거래대금은 거래금액의 크기와 상관없이 반드시 거래처에서 직접 기업의 수금통장으로 송금하도록 거래 계약서에 명문화해야 한다.

한국에서는 많은 기업들이 거래처의 편의를 봐주기 위해 기업의 영업사원 또는 수금사원이 거래처에서 직접 수금을 한 후 자사의 경리부에 입금시키는 방법을 사용한다. 하지만 이런 식의 수금방법은 중국에서는 절대 금물이다. 어떠한 경우에도 중국의 영업사원 또는 수금사원이 직접 수금을 할 수 없도록 명문화해야 한다.

중국 사원들의 기업에 대한 충성도와 성실도는 한국과 비교할 때 많은 차이가 있다. 한국에서는 누구든지 몇 다리만 걸치면 신분을 다 파악할 수 있을 정도로 학연이나 지연 등으로 연결되어 있고, 입사 시에도 연대 보증 등을 통해 신원 보증을 하게 되어 있으며, 또 대개 같은 지역에 여러 명이 같이 근무하고 있어서 개개 직원에 대한 관리 감독이 용이하다.

하지만 중국은 지역이 워낙 넓고 인구가 많아서 개개인 사이에 연결고리를 찾기가 쉽지 않고, 입사 시에도 연대보증이 법으로 금지되어 있는 관계로 개인적인 인적 사항과 신분 증명문서 이외에는 특별한 보증문건을 확보하기가 불가능하다. 또한 북경과 상해 같은 대도시를 제외하고는 대부분 한 도시에 한 명 또는 두 명 정도의 사원을 두고 영업거점에서 원격 조정하게 되므로 개개 직원에 대한 관리 감독이 매우 어렵다.

중국에서는 한 명의 직원이 2~3개 회사의 영업 사원을 겸하고 있는 경우가 흔한데, 특히 중소도시에서 근무하는 직원들에게서 이런 겸직 현상이 많이 발생한다. 중소도시의 경우, 대다수의 회사가 한 명의 직원만을 채용하므로 그 직원에 대한 관리 감독과 직원의 성실도를 파악하기가 여간 어려운 일이 아니다. 이런 상황은 거대 다국적기업의 경우에도 크게 다르지 않다. 사정이 이러하므로 기업이 영업사원에게 직접 거래처로부터 수금을 하게 한다는 것은 고양이한테 생선을 맡기는 격이 되는 것이다.

(2) 사업자등록증이 없는 개인과 절대 외상으로 거래하지 말라

중국 내수사업을 하는 한국기업들은 사업기반이 전혀 없는 상태에서 영업을 시작하게 되므로 공장을 설립하는 단계에서 도움을 주었던 사람들 또는 그로 인해 연결된 사람들에 의지하여 초기 사업을 시작하는 경우가 종종 있다. 이 경우, 거래를 하는 대상이 사업자등록증이 있는 정규업체라면 큰 문제가 없지만 사업자등록증이 없는 개인일 경우에는 문제가 된다.

개인과의 거래는 거래 대금에 대한 아무런 보장도 없는 상태이므로, 미수금 발생 가능성이 높고 회수 가능성 또한 희박하다. 따라서 부득이하게 어떤 개인에게 의존하여 판매해야 할 경우에는, 판매는 해당 개인에게 맡기되, 거래 계약은 반드시 그 개인이 위탁한 사업자등록증이 있는 정식업체와 맺고 납품과 수금거래 모두 해당 정식 업체와 진행하여야 한다.

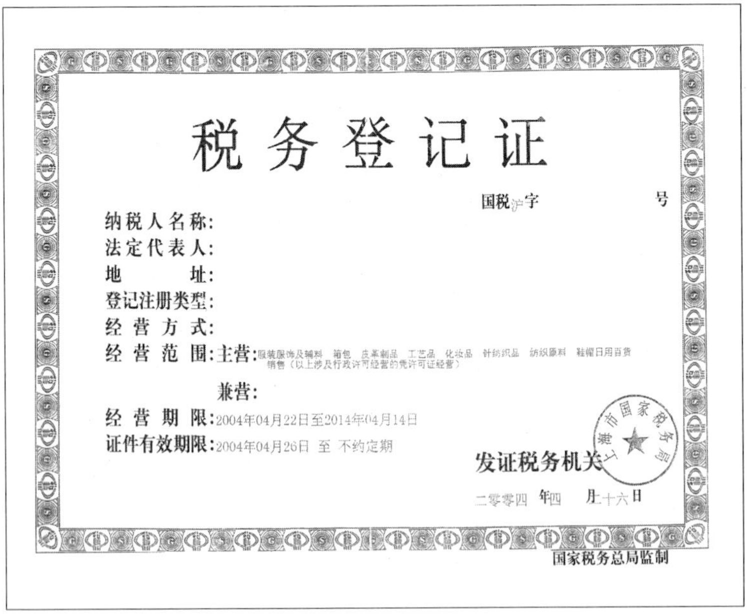
税务登记证

国税沪字 号

纳税人名称:
法定代表人:
地 址:
登记注册类型:
经营方式:
经营范围:主营:服装服饰及辅料 箱包 皮革制品 工艺品 化妆品 针纺织品 纺织原料 鞋帽日用百货销售（以上涉及行政许可经营的凭许可证经营）
兼营:
经营期限:2004年04月22日至2014年04月14日
证件有效期限:2004年04月26日 至 不约定期

发证税务机关

二零零四年四月十六日

国家税务总局监制

세무 등기증

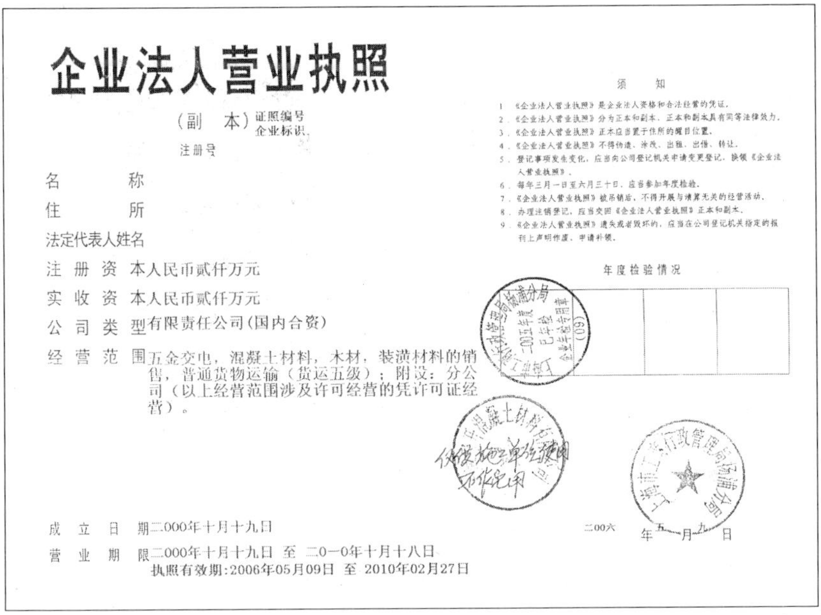

企业法人营业执照

（副　本）证照编号
企业标识
注册号

名　　称
住　　所
法定代表人姓名
注 册 资 本人民币贰仟万元
实 收 资 本人民币贰仟万元
公 司 类 型有限责任公司（国内合资）
经 营 范 围五金交电，混凝土材料，木材，装潢材料的销售，普通货物运输（货运五级）；附设：分公司（以上经营范围涉及许可经营的凭许可证经营）。

成 立 日 期二000年十月十九日
营 业 期 限二000年十月十九日 至 二0一0年十月十八日
执照有效期:2006年05月09日 至 2010年02月27日

须　知

1 《企业法人营业执照》是企业法人资格和合法经营的凭证。
2．《企业法人营业执照》分为正本和副本，正本和副本具有同等法律效力。
3．《企业法人营业执照》正本应当置于住所的醒目位置。
4．《企业法人营业执照》不得伪造、涂改、出租、出借、转让。
5．登记事项发生变化，应当向公司登记机关申请变更登记，换领《企业法人营业执照》。
6．每年三月一日至六月三十日，应当参加年度检验。
7．《企业法人营业执照》被吊销后，不得开展与清算无关的经营活动。
8．办理注销登记，应当交回《企业法人营业执照》正本和副本。
9．《企业法人营业执照》遗失或者毁坏的，应当在公司登记机关指定的报刊上声明作废，申请补领。

年度检验情况

二00六 年 五 月 九 日

사업자 등록증

(3) 거래처의 자금 담당자와 우호적인 관계를 유지하라

중국은 대형 업체일수록 국유 기업인 경우가 많은데, 국유 기업인 경우에는 대체적으로 업무 분담이 확실하고 해당 업무에 대한 권한 또한 담당자에게 상당히 많이 부여되어 있다. 따라서 거래처의 자금담당 직원과의 유대관계는 수금에 많은 영향을 미친다.

큰 규모의 기업일 경우, 거래처에 대한 그 달의 대금 지급총액이 매달 20일 전후에 미리 정해지는 경우가 많은데, 그 달의 지불총액을 어떤 업체들에게 어떻게 분배할 것인지에 대해서는 자금담당 직원의 의견이 크게 작용한다. 따라서 거래처의 자금담당자와 좋은 관계를 유지하는 것은 원활한 수금을 위해 매우 중요한 일이다.

(4) 직 거래처의 수를 가능한 적게 하라.

중국은 아직도 매우 폐쇄적인 사회이므로 거래처의 공개된 자료를 구하는 것이 상당히 어렵다. 따라서 대리점이나 거래처 선정 시에 객관적인 자료에 의존하기 보다는 대체적으로 누군가의 추천이나 그 지역에서의 명성 또는 그 기업의 규모와 역사 등을 참고로 하여 선정하게 된다. 그러나 이렇게 심사숙고한 후에 선정한 기업도 종종 판매 부진 등의 이유로 인하여 우리에게 미수금이라는 불청객을 안겨 준다.

일부 외자 기업들은 중국에 공장을 설립하고도 제품의 판매는 다른 회사에 일괄 위탁하는 총판제도를 이용하기도 하는데, 이는 외국 기업이 중국 사업에서 가장 어려움을 겪는 미수금 문제를 최소화시킬 수 있는 방법 중 하나이기 때문이기도 하다.

중국에서 처음 사업을 시작하는 한국기업은 가능한 일정 규모 이상의 도매상을 대상으로 기업의 재무 상황 및 판매 능력을 객관적인 방법으로 검토한 후, 파산의 위험성이 적고 영업력이 확실하다고 판단되는 경우에만 직거래를 하는 것이 미수금 발생 위험을 줄일 수 있는 방법 중 하나다.

(5) 불량 거래처와의 거래는 과감히 중단하라.

영업 초기에는 기업의 브랜드 파워가 전혀 없고 또 단시일 안에 많은 거래처와 거래를 터야 되므로 불량 거래처와 거래를 하게 될 확률이 적지 않다. 특히 중국시장에 처음 진출한 외자 기업은 자금 상황이 좋지 않은 불량 거래처를 선정하게 될 확률이 더욱 크다.

거래처에서 수금이 되지 않는 이유는 제품의 판매가 부진하거나 거래처의 자금상황이 좋지 않거나 둘 중 하나다. 만약에 제품의 판매가 부진하다면 거래처에서 가져가는 제품의 물량이 많지 않을 것이고, 자금상황이 좋지 않다면 제품의 거래 물량은 많으나 수금이 되지 않는 경우일 것이다.

이 두 가지 경우, 모두 거래처 조건으로는 부적절하다. 지속적으로 수금이 지연되거나 정기적인 거래가 발생되지 않는 거래처인 경우에는, 가능한 거래 금액이 적을 때에 거래를 중지하는 것이 더 큰 금액의 미수금 발생을 예방할 수 있는 방법 중 하나다.

(6) 자사의 판촉 및 관리능력 한도 내에서 거래처의 수를 늘려라

대리점 계약을 하고 제품을 납품한 지역에 대해서 기업은 반드시 판촉활동을 지원해야 한다. 원활한 판매가 발생하지 않을 경우, 원활한 수금이 있을 수 없기 때문이다.

중국의 대리점들은 대부분 유통만 책임질 뿐이고, 판촉에 대해서는 전혀 책임지지 않는다. 판촉은 대개 제품을 납품하는 기업체 측에서 해야 하는데, 판촉 및 관리를 하기 위해서는 많은 인원과 경비 그리고 기획력이 뒷받침되어야 한다.

따라서 기업은 반드시 자사의 인원 및 자금 그리고 판촉 및 관리 능력을 고려하면서 대리점 수를 늘려 나가야 한다. 만약에 기업이 자사의 능력을 제대로 평가하지 못한채 과도하게 대리점 수를 늘리면, 결국 판매부진으로 인한 미수금 발생으로 연결될 가능성이 농후하다.

4. 거래처 관리

(1) 정기적인 방문은 거래처 관리의 기본이다

중국에서 사업을 하는 기업에 있어서 거래처 관리는 매우 중요한 일이다. 거래처와의 적정한 관계유지는 매출뿐만 아니라 수금에도 많은 영향을 주기 때문이다.

중국인들은 꽌시를 매우 중요하게 생각한다. '꽌시' 란 어떤 사람과의 친분관계를 의미하는 것으로, 꽌시가 좋은 거래처에 대해서는 그 거래처 제품에 대한 매출이나 수금에 신경을 많이 써주지만 그렇지 않은 경우에는 등한시하는 경우가 대부분이다. 헌데, 이 꽌시를 형성하는 기본 조건이 바로 만남이다.

사람과 사람 사이의 친분을 쌓는 데 있어서 정기적인 만남 이상의 방법은 없다. 따라서 정기적인 방문을 통해 거래처와의 친분관계를 돈독히 유지하는 것은 영업의 기본이라고 할 수 있다. 더구나 중국과 같이 부실 거래처의 발생 가능성이 높은 나라에서 정기적인 방문은 비단 거래처와 친분을 쌓는 목적 이외에, 해당 거래처의 영업상황과 자금 상황 등을 파악하여 부실 거래처의 발생 확률을 줄일 수 있는 가장 좋은 방법이기도 하다.

중국에서 영업을 하게 되면 상당히 많은 거래처를 갖게 되는데, 그 중에서 부실 거래처가 발생할 확률이 적지 않다. 거래를 하기 전에 아무리 거래처에 대한 사전 검토를 한다고 해도 부실 거래처 발생 확률을 완전히 제거하기란 쉽지 않다.

따라서 정기적인 거래처 방문을 통해 해당 거래처의 영업 상황과 자금 상황을 파악하는 것이 중요하다.

(2) 거래처는 동선에 따라 관리하라

중국에서 사업을 하는 경우, 가장 어려운 사항 중 하나가 바로 관리의 어려움이다. 영업 직원에 대한 관리 그리고 거래처에 대한 관리 이 두 가지 모두 여간 어려운 일이 아니다. 물론 한국에서도 관리의 어려움은 있지만 중국의 경우 그 어려움이 더 크다.

그 이유는 바로 국토 면적의 크기 때문이다. 중국에서 사업을 하는 경우에는 어느 정도 사업이 진행하게 되면 적어도 10개 이상의 성시에서 영업을 진행하게 된다. 그런데 10개의 성시라고 가정할 때, 실제로 영업이 진행되고 있는 도시의 수만 해도 100개가 넘는다. 그렇다면 그 100개의 도시에 퍼져 있는 거래처의 수 또한 만만치 않을 것이다.

따라서 중국에서는 모든 일을 진행할 때 동선을 따라 진행하는 것이 중요하다. 예를 들면, 상해와 절강성과 산동성과 광동성을 모두 돌아보아야 할 경우에는 상해에서 출발해서 산동성을 돌고 산동성에서 절강성으로 넘어와서 다시 광동성으로 갔다가 상해로 돌아오는 것이 동선을 가장 짧게 줄일 수 있는 방법이다. 그리고 가능하면 같은 성에 소속된 도시들은 한꺼번에 돌아보는 것이 효율적이다.

중국에서는 동선에 따라 계획적으로 움직이지 않을 경우, 시간과 경비의 낭비가 상당히 심하다. 따라서 모든 일을 진행할 때는 항상 최적의 동선을 염두에 두고 계획하는 것이 좋다.

영업은 시간과의 싸움이다. 오늘의 시장 상황은 어제와 다르고 내일의 시장상황은 오늘과 다르다. 특히 중국과 같이 급속도로 변화 성장하는 시장에서는 시간을 잡는 것이 기회를 잡는 것이다.

오늘의 기회가 내일도 있다고 생각지 말고, 하루 아니 한 시간이라도 빨리 움직여야 한다. '계획은 철저하게, 하지만 행동은 신속하게' 이것이 영업의 기본이다. 아무런 소득 없이 왔다 갔다 길에서 많은 시간을 허비하는 것은 사업 실패로 가는 지름길이다.

(3) 우수 거래처는 반드시 적정한 포상을 해라

중국의 기업들은 서로서로 포상을 많이 한다. 그것은 아마도 사회주의 체제 하에서 국가의 자산을 나누어 쓰던 습관에서 비롯된 것인지도 모르겠다. 어찌되었든 중국의 대다수 기업들은 연말이면 주요 거래처들을 모아서 식사를 대접하고 선물을 하는 등 거래처에 대한 예우를 하는 것이 일반적이다. 상당수 기업들은 우수 거래처를 선별하여 해당 거래처의 책임자를 외국 여행을 보내 주는 등의 파격적인 포상도 한다.

이런 포상은 추후 영업에도 많은 영향력을 행사하는데, 일반적으로 파격적인 포상을 받은 거래처들은 수금이나 영업 면에서 훨씬 더 많이 신경써 준다. 중국에 진출한 한국기업들도 우수 거래처들에게는 적당한 포상을 해주는 것이 영업과 수금을 촉진시킬 수 있는 방법 중 하나라고 할 수 있다.

5. 고객 관리

(1) 최종 고객에 대한 정보를 확보하라

의약품의 경우, 제조기업과 직접적인 금전 거래 관계를 갖고 있는 거래처는 각 지역의 유통 담당 대리점들이다. 하지만 의약품이 최종적으로 소비자에게 판매되는 장소는 각 지역의 병원이나 약국들이다.

엄밀히 말하면 이들 병원과 약국들은 유통 대리점의 거래처이며 제조기업의 거래처는 아니다. 하지만 만약 제조기업이 이들 병원과 약국들에 대한 정보를 파악하고 있지 못하다면 해당 지역의 시장 상황 파악이 어렵고, 또한 해당 유통 대리점과 문제가 발생하여 거래를 중지 할 경우, 최종 고객에 대한 정보를 확보하지 못함으로써 기존 고객의 대부분을 잃게 되는 막대한 손실을 초래하게 된다.

실제로 중국에서 사업을 하는 한국제약 기업 중에는 최종 고객에 대한 자료를 확보하지 못하여 대리점 변경 시에 기존 고객을 잃게 되는 경험을 한 기업이 여럿 있다. 이렇게 기존 고객을 확보하지 못할 경우, 시장을 새로 구축해야 하는 시간적 금전적 낭비가 있을 뿐만 아니라, 기존 고객에게 나쁜 이미지를 남기게 됨으로 인하여 기업의 브랜드 이미지 형성에 상당히 부정적인 영향을 미치게 된다.

이런 상황은 의약품뿐만 아니라 기본적으로 모든 제품에 있어서 발생할 수 있는 상황이다. 일반적으로 기업의 직접적인 거래처는 해당 지역의 유통 대리점이 될 것이고 직접적으로 판매가 이루어지는 판매점과는 직접적인 거래관계가 발생하지 않을 확률이 크기 때문이다.

이렇게 최종 고객에 대한 정보를 확보하지 못함으로 인한 피해를 예방하기 위해, 기업은 대리점과 계약할 때 해당 지역의 최종 고객에 대한 자료를 제공해 줄 것을 요구하고 계약서에 명시해야 한다.

그리고 기업의 자체 영업사원으로 하여금 해당 지역의 최종 고객이 되는 소매점 등에 대해 정기적으로 상황을 파악하고 보고서를 제출하도록 하여 이중으로 관리하는 것이 중요하다. 이렇게 하여야만 만약의 경우에 기존의 대리점과 거래를 중지하게 된다고 하여도 기존 고객 대부분을 유지할 수 있게 된다.

(2) 주요 고객은 본사에서 중복 관리하라

각 지역의 최종 고객 중 매출 상위권에 드는 주요 고객들은 가능한 본사에서 중복 관리하는 것이 바람직하다. 일반적으로 각 지역의 영업은 각 지역의 영업사원들이 담당하게 되는데, 중국에서는 영업사원의 이직률이 상당히 높기 때문에 만약 모든 고객들의 관리를 영업사원 개인에게만 맡겨 놓을 경우에는 해당 영업사원 이직 시에 상당한 애로 사항이 발생하게 된다. 따라서 각 지역의 중요한 VIP고객들은 본사에서 중복 관리하는 것이 바람직하다.

6. 영업 직원 관리

(1) 일일 보고서와 주말 보고서를 작성하게 하라

중국 내수영업을 하는 경우에는 상해나 북경과 같은 일부 대도시를 제외한 대부분 지역에 영업 사무소를 설립하는 것이 쉽지 않다. 대도시를 제외한 대부분의 중소도시들은 지역별로 한 명 또는 두 명 정도의 직원이 해당 지역의 영업을 담당하게 되며, 영업 본부에서는 유선상으로 원격조정을 하게 되는데, 이런 경우에는 영업 직원의 업무 성실도를 파악하기가 매우 힘들어진다.

그 때문에 중국의 영업직원들에게서는 겸직 현상이 매우 빈번하게 발생하는데, 한 명의 직원이 2~3개 기업, 심지어는 그 이상의 기업에서 영업직원을 겸직하는 현상이 바로 그것이다.

이런 현상은 중소도시에서 근무하는 영업직원들에게서 주로 발생한다. 중소도시에는 대개 한 명의 직원이 근무하고 있으므로 가까이에서 관리감독할 수 있는 사람이 없고 또한 영업본부와도 멀리 떨어져 있으므로 실사의 기회도 많지 않기 때문이다.

따라서 영업직원들의 업무 상태를 수시로 파악하고 관리를 강화하는 것이 중요하다. 이를 위한 방법 중 하나로 일일 보고서와 주말 보고서를 이용할 수 있다. 일일 보고서에는 그날 방문한 거래처와 대면한 고객 등 그날의 일과에 대해 시간과 장소 그리고 업무 내용 등에 대한 상세한 사항을 기재하도록 하여 익일 출근 전까지 제출하도록 하고, 주말 보고서에는 그 주의 업무 성과와 다음 주의 업무 계획을 기재하여 토요일 오전까지 제출토록 하는 것이다.

물론, 영업직원들은 수많은 고객과 거래처들을 방문하고 관리하여야 하므로 보고서 제출 시간을 규칙적으로 지키기는 어렵다. 하지만 특별한 사유가 없는 한, 일일 보고서와 주말 보고서를 제출하도록 하는 것이 관리 감독을 위해 필요하다. 물론 이런 방법으로 영업직원들의 업무 상태를 100% 파악하기는 어렵다. 하지만 적어도 관리가 매우 세심하게 이루어진다는 생각은 심어 줄 수 있으므로 상당한 효과가 있다.

단, 이 방법이 효과를 보기 위해서는 직원들이 보내온 보고서를 영업 본부에서 세심히 검토하여 보고서의 진실성을 파악하는 것이 중요하다. 상당수의 영업직원들은 매일 방문한 거래처와 고객에 대한 사항을 허위로 작성하여 보내온다. 그러므로 영업직원이 제출하는 보고서를 상세히 검토함과 동시에 사업진척에 대한 정기적인 검토가 이루어져야만 제출되는 보고서 내용의 허위성을 간파할 수 있다.

만약에 보고서의 내용을 상세히 검토하지 않고 그냥 보고서의 제출 여부에만 관심을 둔다면, 그것은 그들에게 매우 좋은 겸직 자리를 제공하는 것이 될 것이다.

(2) 정기적인 방문 실사를 하라

일일 보고서와 주말 보고서만으로는 영업직원의 업무 상태를 파악하는데 한계가 있으므로, 정기적인 방문 실사는 필수적이다. 물론 방문 실사는 영업본부에서 직접 하는 것이 이상적이지만 영업을 진행하다 보면 그것이 그렇게 쉬운 일만은 아니다. 영업이 본격적으로 진행되면 관리할 지역이 수없이 많아지는데, 매출이 크지 않은 중소도시의 경우에는 방문할 기회가 그리 많지 않게 된다.

따라서 성별로 팀장을 임명하여 해당 성의 중소도시는 해당 성의 팀장이 정기적으로 실사하도록 하는 것이 좋다. 일반적으로 성회시에서 근무하는 직원 중에서 한 명을 팀장 급으로 채용하여 해당 성의 영업 및 관리를 책임지게 하고, 그 팀장으로 하여금 정기적으로 각 중소도시의 직원들의 업무 상태와 업무 진척 상황 등을 실사토록 하는 것이다.

실사는 반드시 해당 직원이 보내오는 보고서의 내용을 확인할 수 있을 정도로 세심하게 실시해야 한다.

예를 들어, 모월 모일 아무개와 만나서 무슨 일을 하였다고 보고되었다면, 그 사람을 해당 영업사원과 함께 동반 방문하여 업무의 진척 상황을 확인해야 한다. 만약에 해당 영업 사원이 보고서의 내용대로 일을 진행하고 있다면 그 사람을 만나는 것을 전혀 꺼리지 않을 것이나, 그렇지 않을 경우에는 핑계를 대고 만나지 않으려고 할 것이다. 만약에 만나려고 하는 사람 5명 중 3명 이상이 모종의 이유로 인하여 만날 수 없게 된다면, 그것은 해당 직원의 보고서가 허위일 가능성이 크다는 것을 의미한다.

중국의 영업직원 중에는 허위보고서를 제출하는 직원이 적지 않으므로 실사는 반드시 그 허위성을 간파할 수 있을 정도로 철저하게 진행하는 것이 중요하다.

(3) 직원의 이직 방지와 판매 동기 부여를 위해 인센티브를 지급하라

중국에서 사업을 하는 거의 모든 기업들은 사원들의 잦은 이직으로 인해 고통받고 있다. 특히 영업직에 종사하는 직원들의 잦은 이직은 기업이 직면하는 가장 큰 어려움 중 하나다.

직원들의 이직을 유발하는 이유는 상사와의 불편한 관계, 복지에 대한 불만, 업무 내용에 대한 불만, 급여에 대한 불만 등 여러 가지가 있다. 하지만 그 중에서 가장 많은 비율을 차지하는 것은 바로 급여, 즉 돈과 관련된 이유이다.

중국의 젊은이들은 경제적 관념이 매우 투철하다. 자신의 가치를 가장 잘 평가해 주는 직장을 최고의 직장으로 생각한다. 그러므로 현재의 직장보다 좀 더 높은 급여를 받을 수가 있다면 언제든지 이직할 마음의 준비가 되어있다.

물론 중국의 젊은이들이 직장을 선택할 때 오직 금전적인 면만을 생각하는 것은 아니다. 하지만 외자 기업을 선택할 경우에는 대부분 금전적인 면을 가장 중요하게 생각한다. 그것은 대부분의 중국 직원들은 외자 기업을 평생 직장으로 생각하지 않고 잠시 거쳐가는 곳이라고 생각하고 있기 때문이다.

일반적으로 외자 기업은 중국 내자기업에 비해 업무량이 많고 업무 강도가 높다. 그리고 업무 평가 기준도 엄격하여 업무 성과를 제대로 내지 못할 경우 해고될 확률도 높다. 또한 외자 기업의 경우 고위 관리자들은 대부분 해당 회사의 본국 직원들이 차지하고 있으므로, 최고 관리자까지 올라갈 수 있는 확률이 매우 희박하다.

그러므로 외자 기업에서 일을 하는 중국직원들은 대체적으로 회사와 함께 끝까지 할 수 있을 것이라고 기대하는 사람이 많지 않다. 그러므로 좀 더 나은 대우를 받을 수 있는 기회가 생길 경우에는 망설임 없이 떠날 수 있는 것이다.

중국 내의 외자 기업은 대부분 중국 내자기업에 비해 급여나 복지 등이 좋다. 그럼에도 불구하고 외자 기업에서 조차 직원들의 이직 현상이 많이 발생하는 또 하나의 이유는 바로 중국에 진출해 있는 외자 기업의 수가 많기 때문이다.

중국에는 세계 각국의 기업들이 진출해 있다. 그러므로 대부분의 외자 기업이 진출해 있는 대중도시에서는 많은 고급인력이 필요하다. 그런데 중국은 인구 대비 고학력 소지자가 많지 않을 뿐만 아니라 외자 기업이 필요로 하는 훈련이 잘 된 고급 인력은 더더욱 부족하다. 그러므로 외자 기업에서의 근무 경력이 어느 정도 있고 업무 훈련을 받았던 사람이라면 이직 기회를 잡는 것이 그리 어려운 일이 아니다.

직원의 이직은 기업의 업무 진척에 영향을 미치게 된다. 특히 일정 지역의 영업을 책임지고 있는 영업사원의 이직은 기업의 매출에 상당한 영향을 미칠 수 있다. 더구나 한 지역의 영업을 한 명 또는 두 명의 직원이 책임지고 있는 경우에는 해당 직원의 이직으로 인하여 해당 지역의 매출에 커다란 영향을 받게 될 수 밖에 없다. 그러므로 중국에서는 영업사원의 이직 방지와 업무에 대한 동기 부여를 위해 인센티브를 제공하는 것이 좋다.

중국에서는 많은 기업들이 직원들에게 인센티브를 지급한다. 제약기업의 경우 대부분의 기업들이 영업사원에게 인센티브를 지급하고 있으며, 지급 비율 및 방법은 기업의 유형에 따라 차이가 있다.

일반적으로 중국 내자기업인 경우에는 기본급이 적고 인센티브가 많고, 다국적기업인 경우에는 기본급이 많고 인센티브가 적으며, 일반 외자 기업인 경우에는 기본급과 인센티브 모두 내자기업과 다국적기업의 중간 정도이다.

이에 따라 영업 능력이 특출하지 않은 사람들은 기본급이 많이 보장되는 다국적 기업을 선호하는 반면에, 영업능력이 뛰어난 사람들은 일정 금액의 기본급도 보장되며 인센티브가 비교적 많이 지급되는 기업을 선호한다.

그러므로 중국에서 영업을 처음 시작하는 기업이라면 가능한 영업 사원들에게 인센티브를 많이 지급하는 것이 좋다. 사업 초기에는 인센티브를 좀 많이 책정하고, 사업이 어느 정도 안정 궤도에 들어선 후에 다시 적정선으로 하향 조정하는 것이 바람직하다.

인센티브 비율은 직원이 열심히 일을 하여 기업에서 정해준 목표량을 달성하였을 때, 적어도 급여의 두 배 이상을 받을 수 있도록 설정하는 것이 좋다. 그래야만 영업사원의 성실한 근무를 유도해 낼 수 있고 그로 인한 매출 상승을 기대할 수 있다. 그렇지 않을 경우 영업사원의 성실한 근무를 기대하기 어렵고 매출 신장 또한 일어나기 어렵다.

중국 영업을 함에 있어 적절한 인센티브의 지급은 직원의 이직을 방지하는 동시에, 그 어떤 마케팅 활동보다도 더 큰 매출 신장 효과를 가져올 수 있는 중요한 영업 정책이다.

필자는 중국에서 영업을 하는 동안 언제나 인센티브를 상당히 높게 책정하여 운영하였다. 기본급보다 인센티브가 더 매력적인 조건이 되게 하는 영업정책은 영업능력이 없는 직원들은 자동 도태되고, 영업능력이 있는 직원들은 그들의 능력을 십분 발휘하게 하는 매우 좋은 정책이다. 일반적으로 상위 10% 안에 드는 직원들의 인센티브가 기본급의 3배 이상이 될 수 있다면 상당히 매력적인 조건이라고 할 수 있다.

제5장 중국에서의 인사관리

기업의 성공에 있어서 인재 확보의 중요성은 아무리 강조해도 지나침이 없다. 국가의 근간이 국민이듯이, 기업의 근간은 직원이기 때문이다. 우수한 인재를 확보하는 기업은 성공할 수 있는 확률이 커질 것이고, 우수 인재 확보에 실패한 기업은 성공 확률이 그만큼 작아질 것이다. 그러므로 모든 기업들은 우수 인재 확보를 위해 많은 노력과 대가를 지불하고 있다.

중국에 진출한 많은 외자 기업들은 인재 부족으로 인한 어려움을 겪고 있다. 중국은 13억에 달하는 인구 수에 비해 고학력 소지자의 비율이 많지 않으며 또한 외자 기업의 요구 기준에 부합되도록 훈련된 인재는 더더욱 부족하기 때문이다.

중국의 이러한 인재 부족 현상은 중국에 진출한 외자 기업의 기업 활동을 어렵게 하는 중요한 요인 중 하나가 되고 있다. 그러므로 중국 사업에서 성공하기 위해서는 인재를 기용하고 배양하는 것이 매우 중요한 일이며 이를 위해 많은 주의와 노력이 필요하다.

제5장에서는 중국 시장에서 인재를 기용하고 배양하는, 그리고 효과적으로 관리하는 방법 등, 인사 관리에 있어서 기본적으로 알고 있어야 하는 사항들에 대해 살펴보고자 한다.

1. 직원 채용

(1) 영업 직원은 가능한 해당 지역 사람을 채용하라

우리는 흔히 중국인들은 중화사상으로 뭉쳐 있는 민족이므로 지역 간의 감정이 전혀 없을 것이라고 생각하고 있지만 사실은 그렇지 않다. 중국에는 수많은 방언이 있는 것만큼이나 중국인들 사이에도 복잡한 지역 감정이 존재하고 있다.

하지만 중국인들의 지역 감정은 한국의 지역감정과 같이 어느 특정 지역에 대한 배타성이 아니라, 자신이 거주하고 있는 거주지역 이외의 모든 타 지역 사람들에 대해 서로 다른 지역 감정을 갖고 있다고 하는 것이 옳을 듯하다. 이에 반해 같은 방언을 사용하는 동향 사람에 대해서는 끈끈한 유대감을 나타낸다.

중국은 나라가 큰 만큼 지역 간의 문화적 차이도 크고 경제발전 편차도 크다. 또한 일을 진행함에 있어서도 어떤 절차나 규정에만 의존한다기보다는 개인적인 연결고리가 매우 크게 작용한다.

따라서 많은 사람을 만나고 무에서 유를 창조해 내야 하는 영업직 사원을 채용함에 있어서는 가능한 한 해당 지역 출신으로서 그 지역의 방언을 사용하며 지리적 · 경제적 상황에 대해 잘 알고 있고, 또한 제품의 판매에 필요한 분야에 있어서 인맥이 넓은 사람을 채용하는 것이 영업을 성공적으로 일구어내는 데 도움이 된다.

하지만 이런 일반적인 규칙이 벗어나는 두 곳이 있는데, 바로 상해와 북경이다. 중국내자기업들은 일반적으로 이 두 지역에서 영업사원을 채용할 때 해당 지역 출신보다는 타 지역 출신을 선호하는 경향이 있다.

그 이유는 이 두 지역은 경제가 가장 발달한 지역들로 대졸 이상 학력을 보유한 사람들은 대개 가정이 부유하여 고생을 모르고 자라서 영업과 같이 개척정신과 인내력이 필요한 직업을 수행할 만큼 진취적이지 못한 경우가 많기 때문이다.

또한 이 두 도시는 거대 기업들이 많이 진출해 있어서 영업직이 아닌 기타 직종의 취업기회가 많은 것 역시 주요 원인 중 하나이다.

(2) 여성 영업 직원을 많이 채용하라

중국은 세계에서 여성 파워가 가장 높은 나라 중 하나이다. 현재 중국의 여성 파워는 서구의 대부분 나라를 능가한다고 본다. 각 분야에 걸쳐서 여성 인력이 거의 절반 가까이 차지하고 있으며 하위직뿐만 아니라 고위직에도 여성 인력이 상당히 많이 분포되어 있다. 이는 중국 여성들의 업무능력을 직접적으로 나타내는 지표이자 중국의 여성 인력이 매우 풍부하다는 것을 나타내는 지표이기도 하다.

중국에서의 여성의 사회참여 양상은 한국과는 상당히 다르다. 한국에서는 여성의 참여도가 가장 낮은 직종이 바로 영업직이라고 할 수 있는데, 이는 업무의 특성상 업무 시간이 명확히 정해져 있지 않고 외근이 주를 이루며 잦은 접대와 출장 등으로 인해 매우 고된 직업으로 인식되고 있기 때문이다.

하지만 중국에서는 영업직이 돈을 가장 많이 벌 수 있는 직업 중 하나로 인식됨으로써 여성들에게도 상당히 환영받고 있는데, 그것은 중국의 대부분 기업들이 영업직원들에게 인센티브라는 제도를 적용하고 있기 때문이다.

인센티브 제도는 일한 만큼 그리고 능력만큼 벌 수 있는 제도이므로, 주어진 조건 하에서 적당히 시간을 때우기보다는 좀더 능동적으로 일을 하고자 하는 사람들이 선택하는 직업이 된 것이다.

필자는 중국에서 영업을 하면서 상당히 많은 영업 직원들을 채용하였다. 그 중에 약 30%~40% 정도가 여성 직원이었는데, 영업 실적 상위 10% 안에 드는 직원 중에는 여성의 수가 항상 50%를 넘었다. 또한 최고 실적을 올리는 상위 3% 안에 드는 사람은 대부분 여성 직원이었다.

특히 상해나 북경과 같은 대도시일수록 여성 영업직원의 실적이 더욱 뛰어났다. 이는 영업직이 남자의 전유물인 것으로 생각하고 있는 한국사람들의 생각과는 매우 상반된 결과라고 할 수 있다.

이런 결과가 나오는 이유는 여성의 기본 성향이 영업이라는 직업에 적합하기 때문이라고 생각한다. 영업을 하는 데는 용기와 끈기 그리고 개척정신 등 여러 가지 자질이 필요하다. 하지만 그 중에서도 가장 중요한 자질이 바로 친화력이다.

빠른 시간 안에 고객과 친해지고 고객의 마음을 움직일 수 있는 능력이야말로 영업직원에게 있어서 가장 필요한 자질이라고 할 수 있다. 그런데 이런 친화력은 대체적으로 여성이 남성에 비해 강하다. 따라서 오직 친화력 면에서만 본다면 영업직은 남성보다 여성에게 더욱 적합한 직업이라고 할 수 있다.

현재 중국에는 풍부한 여성 인력이 있다. 중국에 진출하는 한국기업들은 오직 남성 영업직원만을 채용해야 한다는 고정 관념을 버리고 여성 직원을 채용해 보는 것도 영업 실적을 향상시킬 수 있는 좋은 방법 중 하나가 될 것이다.

2. 직원 교육

(1) 직원 교육은 선택이 아니라 필수다

중국에서 사업을 하는 데 있어 기업이 원하는 수준의 능력을 갖추고 있는 훈련된 인재를 구하는 일은 모든 기업들이 겪어야 하는 어려움 중 하나다. 중국 시장에서 원하는 능력을 모두 갖춘 훈련된 인재를 찾기란 정말 하늘의 별 따기만큼 어렵고, 설령 그런 인재를 찾았다고 해도 영입하기는 더욱 어렵다. 그들이 요구하는 높은 임금은 우리를 매우 당황하게 하고도 남음이 있기 때문이다.

그러므로 중국에서는 훈련된 인재를 찾는 것 보다는 잠재된 인재를 발굴하여 배양하는 것이 훨씬 빠르고 효과적이다. 중국에는 훈련된 인재는 많지 않지만 잠재력을 가진 인재는 많기 때문이다.

중국에 진출한 외자 기업들은 대부분 직원 교육에 많은 신경을 쓴다. 특히 다국적기업들은 직원들 교육에 상당한 시간과 경비를 투자한다. 그 것은 대부분의 중국 직원들의 업무 능력이 그들이 원하는 수준에 도달하지 못했기 때문이기도 하지만, 교육을 통해 그들의 잠재 능력을 계발하고 그들의 애사심을 키우기 위함이기도 하다.

실제로 다국적제약기업에 지원하는 사람들 대부분은 기업에서 제공하는 사내 교육을 해당 기업에서 받을 수 있는 가장 큰 혜택 중 하나라고 생각한다. 다국적 제약기업에서는 일반적으로 업무 부서 별로 체계적인 사내 교육을 실시하고 있는데, 대부분의 직원들은 그런 사내 교육을 통해 자신의 능력이 많이 향상된다고 믿고 있으며, 가능한 사내 교육의 기회가 많이 제공되기를 희망한다.

그러므로 우수한 사내 교육 시스템은 채용된 직원들의 업무 능력을 향상 시킬 수 있을 뿐만 아니라, 애사심을 키워주는 계기가 되기도 하며, 우수 인재를 채용할 수 있는 조건이 되기도 한다.

그러므로 중국에 진출하는 기업들은 영업직원들뿐만 아니라 가능한 모든 부서의 직원들에게 사내 교육 기회를 제공하는 것이 좋다. 또한 사내 교육을 실시할 때에는 가능한 각 부서 업무에 대한 업무 매뉴얼을 준비하여 체계적인 업무 교육을 실시하는 것이 좋다. 매뉴얼에 근거한 교육은 직원들의 업무에 대한 이해도를 증가시키고 빠른 시간 안에 업무를 숙지하게 할 수 있는 가장 좋은 방법이기 때문이다.

중국인 신입 직원들의 경우에는 문서의 작성과 분류 등 아주 기초적인 업무능력조차 갖추지 못한 경우가 대부분이다. 따라서 업무 교육의 내용으로는, 문서 작성과 분류 등 아주 기초적인 것에서부터 제품에 대한 지식에 이르기까지, 업무 전반에 걸쳐 세심하게 교육하는 것이 좋다.

물론 모든 직원에 대해 교육을 시키는 데는 적지 않은 시간과 경비가 소요된다. 하지만 교육을 통해 직원 개개인의 업무 능력을 현저히 향상시킬 수 있으므로, 궁극적으로는 업무 지연으로 인해 발생되는 시간과 경비를 절감하고 업무 효율 증대를 통한 수익 창출을 기대할 수 있기에, 오히려 시간과 경비를 절감할 수 있는 효율적인 방법이라고 할 수 있다.

(2) 영업직원 교육의 중요성

영업 직원 교육은 중국 영업의 핵심이라고 할 수 있다. 정기적인 교육을 통해 자사 제품에 대한 이해도와 기업에 대한 신뢰도를 높여 주고, 기업의 비전을 제시해 주는 것은 중국영업의 성패를 좌우하는 가장 중요한 요건 중 하나이다.

만약 자사의 영업직원들이 자사 제품에 대해 충분히 숙지하지 못하고 있거나 기업의 미래에 대해 확신이 없다면, 열과 성을 다해 업무에 임하지 않을 것이므로 기업의 성공을 기대하기는 어려울 것이기 때문이다.

필자는 자사의 영업직원이야 말로 기업의 가장 중요한 고객이라고 생각한다. 영업직원이 자신이 소속되어 있는 기업에 대해 신뢰감을 갖고 또한 자사 제품의 우수성에 대해 확신을 갖게 될 때, 비로소 매출이 발생한다고 믿는다. 아무리 좋은 제품과 기획안이 있어도, 그 제품의 가치를 충분히 인지하고 그 제품의 판매를 위해 열심히 뛰어 줄 영업직원이 없다면, 매출이 발생하기 어렵기 때문이다.

사업의 성공을 위해서는 영업 직원에 대한 정기적인 교육이 필수적이다. 실제로 중국에서 성공적인 사업을 펼치는 대부분의 제약기업들의 공통적인 특징 중 하나가 바로 영업직원에 대한 교육을 중요시 한다는 것이다.

중국은 나라가 크기 때문에 수많은 지역에 영업직원이 분포되어 있다. 그런데 대부분의 중소도시에서는 한 지역에 한 명 또는 두 명 정도의 영업직원만이 근무하고 있다. 따라서 직원들 간에 만날 기회가 별로 없고, 또한 영업 본부에 있는 사람들하고도 만날 기회가 거의 없으므로, 회사에 대한 소속감이나 애사심을 심어주기가 어렵다.

그러므로 영업직원 전체를 소집하여 실시하는 정기적인 집체 교육은 영업직원들 개개인의 업무 능력을 향상시키는 것 이외에, 직원들 상호 간의 교류를 증진시켜 유대감을 키워주고, 회사에 대한 소속감과 애사심을 심어줄 수 있는 절호의 기회이기도 하다.

집체 교육은 일반적으로 일년에 2~4회 정도가 실시된다. 집체 교육의 장소로는 일반적으로 중국의 명승고지가 있는 지역 또는 지역 사무소가 설립되어 있는 지역들을 선택한다.

물론 전체적인 집체 교육을 실시하는 데에는 적지 않은 시간과 비용이 소요된다. 그러므로 경제적인 이유로 인하여 집체 교육을 전혀 실시하지 않거나 기피하는 기업들이 많이 있다. 하지만 중국에서 영업을 하는 경우에 있어서는, 직원들의 영업 능력 배양과 회사에 대한 소속감 제고 등 두 가지 측면에서 볼 때, 집체 교육은 그 무엇보다 중요한 일이라고 생각한다.

필자는 교육을 매우 중요시 하는 사람인 만큼, 한미약품과 녹십자 두 기업에 재직하던 기간 중, 일년에 적어도 2회의 집체 교육과 수회의 지역별 교육을 실시하였다.

집체 교육은 일반적으로 7월과 1월 2회에 걸쳐 약 4~5일간의 일정으로 진행되는데, 7월에는 상반기 결산, 1월에는 전년도 영업 결산을 겸한 교육을 실시하였다. 지역별 교육은 해당 지역에 출장시, 해당 지역의 영업직원들만을 소집하여 실시하였으며, 주로 영업 직원들의 자사 제품에 대한 숙지 정도를 점검하고 영업 스킬을 배양하는 데 중점을 두었다.

3. 직원 관리

(1) 노동계약서는 반드시 체결하라

한국에서와 마찬가지로 중국에서도 직원을 채용시에는 반드시 노동계약서를 체결하도록 법으로 규정되어 있다. 특히 현행 노동법에 비해 노동자의 권익이 월등히 강화된 중국의 새로운 노동계약법이 2007년 6월 29일에 입법 통과되어 2008년 1월 1일부터 시행되므로, 앞으로 중국에 진출하는 기업들은 현지에서 직원을 채용시에 체결할 노동계약서의 내용에 대해 특별한 주의를 기울일 필요가 있다.

만약 직원 채용시, 노동계약을 체결하지 않았거나 노동계약서 상의 내용이 불명확할 경우, 기업은 상당한 금전적인 손해를 입게 된다.
(*새로 제정된 노동계약법의 세부 사항은 별첨 자료 참조.)

(2) 각종 사회보험과 주택공적금을 보장해 줘라

중국에서도 직원 채용시에 반드시 보장해 주어야 하는 여러 가지 사회보험과 선택적으로 보장해 줄 수 있는 보험이 있다. 의무적으로 보장해 주어야 하는 보험의 종류와 납부 비율은 기업의 소재지와 직원의 호구 소재지, 그리고 급여 총액 등에 따라 다르게 적용되므로 기업의 소재지 법규에 따라 적용하여야 한다.

상해 시내에 소재한 기업의 경우에는 상해시 호구를 소지한 직원에 대해 실업보험, 양로보험, 의료보험, 산재보험, 생육보험 등 다섯 가지 보험을 반드시 보장해 주어야 하며, 주택공적금(일종의 주택부금)은 선택적으로 보장해 줄 수 있다.

하지만 상해시내에 소재하는 거의 모든 기업에서 의무보장 보험인 5대 사회보험 이외에 주택공적금을 보장해 주고 있으므로, 만약 주택공적금을 보장해 주지 않을 경우 직원의 잦은 이직을 유발하는 주요 원인이 된다.

(3) 중국 직원의 인격을 존중해 줘라

중국에 진출한 외국들 기업 중에서 중국인들에게 이미지가 가장 나쁜 기업군이 바로 한국기업들이다. 이는 중국에 진출한 기업에서 근무하는 한국인직원들과 기업주들의 중국직원들에 대한 불량한 태도에서 기인한다고 할 수 있다.

상당수 한국인들은 중국 직원들에게 매우 오만한 태도를 취한다. 그 이유는 그들이 한국인에 비해 경제력이 떨어지고 다소 촌스러운 외모를 갖고 있기 때문이라고 생각한다. 하지만 이런 태도는 기업의 발전에 커다란 장애가 된다는 것을 명심해야 한다.

중국에 진출한 기업들은 중국의 소비자들을 대상으로 중국 직원들에 의해 운영되는 기업으로서 우리 기업의 성공의 열쇠를 쥐고 있는 사람들은 바로 중국인들이다. 그런데 그들을 사랑하고 존중하는 마음도 갖지 않으면서 그들로부터 사랑을 받을 것이라고 기대한다는 것은 어불성설이다. 그들에게서 사랑을 받으려면 먼저 그들을 사랑하고 존중해 주어야 한다. 그래야 그들로부터 보답을 받을 수가 있다.

(4) 중국 직원에게서 한국식 예의범절을 기대하지 말라

중국에서 근무하는 한국인들은 때때로 중국 직원들의 태도로 인하여 불쾌감을 느끼게 된다. 특히 중국에 처음 온 한국인들은 더욱더 그렇게 느낄 수 있다.

예를 들어 중국 직원들은 상사에게 물건을 건넬 때 두 손을 사용하지 않고 한 손만을 사용한다. 또 한국직원들은 상사에게 인사를 할 때 반드시 고개를 숙이지만 중국직원들은 고개를 숙이지 않는다.

하지만 이러한 일들은 중국 직원들이 상대방을 무시함으로써 일부러 행하는 행위가 아니라, 그저 양국의 문화적 차이로 인해 발생하는 문제라는 것을 인식하게 된다면 불쾌감을 느끼지 않을 수도 있는 부분이다.

모든 나라에는 그 나라 특성에 맞는 고유 문화가 있다. 중국에도 역시 중국 고유의 문화가 있으며, 그것이 한국의 문화와 다르다고 해서 폄하하거나 불쾌하게 여길 필요가 없다.

많은 한국인들이 중국인 직원들에게 한국식 예의범절을 가르치고 한국식 예의범절에 맞게 행동해주길 주문한다. 하지만 업무 향상이나 사무실의 질서를 위해 꼭 필요하다고 생각되는 부분을 제외하고는, 중국인 직원에게 한국식 예의범절을 가르칠 필요도 없고, 또한 한국식 예의범절을 지켜주기를 바랄 필요도 없다고 생각한다.

만약 모든 중국인 직원이 한국인 직원과 같은 예의 범절을 지켜주기를 바란다면, 불필요한 불쾌감으로 인해 업무 능률만 저하될 것이기 때문이다.

(5) 직원 해고 시 가능한 분쟁은 피하라

중국에서 직원을 해고 할 때에는 가능한 분쟁을 피하는 것이 좋다. 중국의 노동국은 원칙적으로 중국인 노동자를 우선 보호하므로 분쟁 발생 시에는 십중팔구 외자 기업이 손해를 보게 되기 때문이다.

또한 중국의 노동자들은 기업에 대한 보복심리가 강해서, 분쟁이 있은 후에 퇴사를 하게 될 경우에는 거의 대부분 기업에 대해 보복성 행동을 취한다. 예를 들면 세무국이나 공상국 등에 기업의 비리를 제보하거나 또는 경쟁사에게 기업의 약점을 제공하거나 하는 등의 보복성 행동을 취한다.

실제로 필자도 이런 경우를 많이 경험해 보았다. 특히 상해 지역 직원들의 보복성 행동은 극에 달한다. 회사의 강압에 의해 퇴사한 경우에는 거의 대부분 보복성 행동을 취한다.

그러므로 중국인 직원을 해고 시에는 가능한 분쟁을 피하고 원만히 해결을 하는 것이 바람직하다. 특히 상해 지역의 중국인 직원을 해고 시에는 더욱 더 많은 주의를 요한다.

부록

중화인민공화국 노동계약법

2007년 6월 29일 제10기 전국인민대표대회상무위원회 제28차 회의 통과,
2008년 1월 1일부터 시행

제1장 총 칙

제1조 노동계약제도를 완벽히 하고, 노동계약 당사자 쌍방의 권리와 의무를 명확히 하며, 노동자의 합법적인 권익을 보호하고, 조화롭고 안정적인 노동관계를 구축 및 발전시키기 위하여 본 법을 제정한다.

제2조 중화인민공화국 경내의 기업, 개인경제조직, 민영 비기업단위(이하 '고용회사'로 약칭) 등의 조직이 노동자와 노동관계를 수립하고, 노동계약을 체결, 이행, 변경, 해제 또는 종료시, 본 법을 적용한다.

국가기관, 사업기관, 사회단체 및 그와 노동관계가 성립되는 노동자의 경우, 노동계약의 체결, 이행, 변경, 해제 또는 종료에 있어 본 법을 적용한다.

제3조 노동계약 체결시에는 응당히 합법, 공평, 평등 자원, 협상일치, 성실신용의 원칙을 준수해야 한다. 법에 의거하여 체결된 노동계약은 구속력을 갖게 되며, 고용회사와 노동자는 응당히 노동계약에 약정된 의무를 이행해야 한다.

제4조 고용회사는 응당히 법에 의거하여 노동 규칙을 완전하게 건립하여, 노동자가 노동권리를 향유하고 노동의무를 이행할 수 있도록 보장해야 한다.

고용회사가 노동보수, 노동시간, 휴식휴가, 노동안전위생, 보험복리, 직공훈련, 노동기율 및 노동목표량 관리 등 노동자의 밀접한 이익에 직접 관계되는 사내규칙 또는 중대사항을 제정, 수정 또는 결정할 경우에는 직공대표대회 또는 전체 직공의 토론을 거쳐, 방안과 의견을 제시하고 공회 또는 직공대표와 평등하게 협의 · 확정해야 한다.

사내규칙과 중대사항의 결정에 대한 실시과정 중, 공회와 직공이 부적당하다고 생각하는 것에 대해서는, 고용회사에 문제를 제기하고, 협상을 통해 개선할 수 있는 권리가 있다.

고용회사는 응당히 노동자의 밀접한 이익과 직접 관련되는 사내규칙 및 중대 결정사항을 공시하거나 노동자에게 고지해야 한다.

제5조 현급 이상의 인민정부 노동행정부문은 공회 및 기업측 대표와 함께 3자간의 건전한 노동관계 협조체제를 건립하고, 노동관계와 유관한 중대 문제를 공동 연구 · 해결한다.

제6조 공회는 노동자가 고용회사와 법에 의거한 노동계약을 체결하여 이행하고, 또한 고용회사와 집단협의체제를 구축하고, 노동자의 합법적인 권익을 보호 받을 수 있도록 협조하고 지도해야 한다.

제2장 노동계약의 체결

제7조 고용회사는 고용당일부터 노동자와 노동관계가 성립된다. 고용회사는 검사에 대비한 직공명부를 준비하여야 한다.

제8조 고용회사는 노동자를 채용할 때 근무내용, 근무조건, 근무지점, 직업위험, 안전생산상황, 노동보수, 및 노동자가 이해를 요구하는 기타 상황에 대해 사실적으로 고지하여야 한다. 고용회사는 노동자 및 노동계약과 직접적인 관계가 있는 기본 상황에 대해 알아볼 수 있는 권리가 있으며, 노동자는 이에 사실대로 설명해야 한다.

제9조 고용회사가 노동자를 채용할 때, 노동자의 주민신분증 및 기타 증명문건을 압류해서는 안되며, 노동자에게 담보를 요구하거나 다른 명목으로 노동자에게 재물을 수취해서도 안 된다.

제10조 노동관계의 성립은 서면 노동계약으로 체결한다.

노동관계가 이미 성립되었으나 노동계약이 미체결된 경우에는 고용일로부터 1개월 이내에 서면 노동계약을 체결해야 한다.

고용회사와 노동자가 고용 전에 노동계약을 체결한 경우, 노동관계는 고용일로부터 성립된다.

제11조 고용회사가 고용과 동시에 서면 노동계약을 체결하지 않고 노동자와 약정한 노동보수가 불명확한 경우에는 새로 채용한 노동자의 노동보수는 집단노동계약의 표준규정에 따라 집행한다. 집단계약이 없거나 집단 계약이 미제정된 경우에는 "동일노동동일보수"를 실시한다.

제12조 노동계약은 고정기한 노동계약, 무고정기한 노동계약 및 일정 작업임무를 기한으로 하는 노동계약으로 구분된다.

제13조 고정기한 노동계약은 고용회사와 노동자 간에 계약종료 시간을 약정한 노동계약을 칭한다.

고용회사 및 노동자는 협상을 통해 고정기한 노동계약을 체결할 수 있다.

제14조 무고정기한 노동계약은 고용회사와 노동자 간에 종료시간을 확정하지 않은 노동계약을 칭한다.

고용회사는 노동자와 협상 일치를 통해 무고정기한 노동계약을 체결할 수 있다. 다음과 같은 상황의 하나에 해당하는 경우, 노동자가 계속 체결을 제의 또는 동의하여 노동계약을 체결시, 노동자가 고정기한 노동계약을 제의하는 경우를 제외하고는 응당히 무고정기한 노동계약을 체결해야 한다.

① 노동자가 해당 고용회사에서 연속하여 10년간 근무한 경우

② 고용회사가 처음으로 노동계약제도를 실행하였거나 또는 국유기업을 개혁하여 새로이 노동계약을 체결하였을 경우, 노동자가 해당 고용회사에서의 연속근무 기간이 10년이 되었고, 또한 법정 퇴직연령이 10년 미만인 경우

③ 고정기한 노동계약을 연속 2회 체결하고 노동자가 본법 제39조 및 제40조 제1항, 제2항 규정에 해당되지 않는 상황에서 노동계약을 갱신할 경우

고용회사가 고용일로부터 만1년 이내에 노동자와 서면 노동계약을 체결하지 않은 경우는 고용회사와 노동자간에 무기한 노동계약이 체결된 것으로 간주한다.

제15조 일정작업의 완성을 기한으로 하는 노동계약은 고용회사와 노동자 간에 특정 작업의 완성을 계약기한으로 하는 노동계약을 칭한다.

고용회사는 노동자와 협상 일치를 통해 일정업무 완성을 기한으로 하는 노동계약을 체결할 수 있다.

제16조 노동계약은 고용회사와 노동자가 협상일치하고, 고용회사와 노동자가 노동계약서 본문에 서명 또는 날인함으로서 효력이 발생된다.

노동계약서 원본은 고용회사와 노동자가 각 1부씩 보관 한다.

제17조 노동계약은 하기 사항을 구비해야 한다.

① 고용회사의 명칭, 주소 및 법정대표자 또는 주요 책임자

② 노동자의 성명, 주소 및 주민신분증 또는 기타 유효한 신분증명서 번호

③ 노동계약 기한

④ 업무내용 및 근무지점

⑤ 근무시간 및 휴식 · 휴가

⑥ 노동보수

⑦ 사회보험

⑧ 노동보호, 노동조건 및 직업재해에 대한 방호

⑨ 법률, 법규규정은 노동계약의 기타사항에 포함시켜야 함

노동계약서에는 전항에 규정된 필수 구비조항 이외에, 고용회사와 노동자 간에 시용기간, 연수, 비밀유지, 보충보험 및 복리대우 등에 대한 기타사항에 대해 약정할 수 있다.

第18조 노동계약에 약정된 노동보수 및 노동조건의 기준이 불명확함으로 인해 쟁의가 발생할 경우, 고용회사와 노동자는 재협상을 할 수 있다. 협상이 타결되지 않을 경우, 집단계약 규정을 적용한다. 집단계약 규정이 없거나 집단계약 규정에 노동보수에 대한 규정이 없는 경우, "동일노동동일보수"를 실시한다. 집단 계약이 없거나 또는 집단 계약에 노동조건 등에 대한 표준이 규정되어 있지 않을 경우에는, 국가 유관규정을 적용한다.

第19조 노동계약기한이 3개월 이상 1년 미만일 경우, 시용기한은 1개월을 초과할 수 없다. 노동계약기한이 1년 이상 3년 미만일 경우, 시용기한은 2개월을 초과할 수 없다. 3년 이상의 고정기한 및 무고정기한의 노동계약일 경우, 시용기한이 6개월을 초과할 수 없다.

동일 고용회사는 동일 노동자와 1회에 한해 시용기한을 약정할 수 있다.

일정업무 완성을 기한으로 하는 노동계약 또는 3개월 미만의 노동계약인 경우, 시용기한을 약정할 수 없다.

시용기한은 노동계약 기한 내에 포함된다. 노동계약에 시용기한만

약정된 경우, 시용기한은 성립되지 않고 해당 기한은 노동계약 기한으로 간주한다.

第20조 시용기간 중의 노동자의 급여는 해당 고용회사의 동일업무 최저임금 또는 노동계약에 약정된 임금의 80%보다 낮으면 안 된다. 또한, 해당 회사 소재지의 최저임금표준보다 낮으면 안 된다.

第21조 시용기간 중, 노동자가 본법 제39조 및 제40조 제1항, 제2항 규정의 상황에 해당하는 것을 제외하고는, 고용회사는 노동자와의 노동계약을 해제할 수 없다. 고용회사가 시용기간 중 노동계약을 해제할 경우, 응당히 노동자에게 이유를 설명해야 한다.

第22조 고용회사가 노동자에게 전문적인 기술연수를 제공하여 비용이 발생한 경우에는, 노동자와 협의서를 체결하여 복무기간을 약정할 수 있다.

노동자가 복무기간 약정을 위반한 경우, 약정에 따라 고용회사에게 위약금을 지불해야 한다. 위약금의 금액은 고용회사가 제공한 연수훈련 비용을 초과할 수 없다. 고용회사가 노동자에게 지불을 요구하는 위약금은 복무기간 미 이행부분에 상응하는 연수훈련 비용을 초과할 수 없다.

고용회사와 노동자 간의 복무기간 약정은, 정상적인 임금조정체계에 따른 노동자의 복무기간 중 노동보수 인상에 대해 영향을 미치지 않는다.

第23조 고용회사와 노동자는 노동계약서에 고용회사의 상업비밀 및 지적재산권 관련 비밀사항에 대한 비밀유지 약정을 체결할 수 있다.

상업비밀의 유지의무를 지닌 노동자에 대해, 고용회사는 노동계약서 상에 또는 비밀유지 협의서 상에 노동자의 경업제한 조건을 약정할 수 있다. 또한 노동계약 해제 또는 종료 후, 경업제한 기간 내에 대해서는 매월 노동자에게 경제보상금을 지불하는 것을 약정할 수 있다. 노동자가 경업제한 약정을 위반한 경우, 약정에 따라 고용회사에게 위약금을 지불해야 한다.

第24조 경업제한 인원은 고급관리인원, 고급기술인원 및 기타 비밀유지 의무를 지닌 사람으로 제한한다. 경업제한의 범위, 지역, 기한에 대해서는 고용회사와 노동자가 약정할 수 있으며, 경업제한의 약정은 법률, 법규의 규정을 위반해서는 안 된다.

노동계약의 해제 또는 종료 후, 전항에 규정된 인원이 본 고용회사와 동류제품을 생산 또는 경영하거나, 같은 업무에 종사하며 고용회사와 경쟁관계에 있는 기타 고용회사에 취업하거나, 또는 자신이 개업하여 동류제품을 생산 또는 경영, 동류 업무의 경영행위를 하는 것에 대한 경업제한 기한은 2년을 초과할 수 없다.

第25조 본 법의 제22조 및 제23조에 규정된 상황 외에, 고용회사는 노동자와 노동자가 부담하는 위약금을 약정할 수 없다.

第26조 하기 노동계약은 무효, 또는 일부 무효가 된다.

① 사기, 협박, 또는 상대의 위급함을 틈타 상대방의 진실한 의사에 위배되는 상황에서 체결 또는 변경한 노동계약

② 고용회사가 자기의 법정 책임을 면제하고 노동자의 권리를 배제한 경우

③ 법률, 행정법규의 강제성 규정을 위반한 경우

노동계약의 무효 또는 일부 무효에 대해 쟁의가 발생한 경우에는, 노동쟁의중재기구 또는 인민법원에 의해 확인한다

第27조 노동계약의 일부가 무효화되어도 기타 부분의 효력에 영향을

미치지 아니하며 기타 부분은 여전히 유효하다.

제28조 노동계약이 무효로 확인되었으나, 노동자가 이미 노동력을 제공한 경우, 고용회사는 노동자에게 노동보수를 지불해야 한다. 노동보수의 금액은 본 고용회사의 동일 또는 유사 업무에 종사하는 노동자의 노동보수를 참조하여 확정한다.

제3 장 노동계약의 이행 및 변경

제29조 고용회사와 노동자는 노동계약의 약정에 따라 각자의 의무를 전면적으로 이행해야 한다.

제30조 고용회사는 노동계약 약정 및 국가규정에 따라, 적시에 노동자에게 노동 금액 전액을 지급해야 한다.

고용회사가 노동보수의 지급을 연체하거나 약정된 금액을 모두 지급하지 않은 경우, 노동자는 해당지역 인민법원에 지불명령을 신청할 수 있으며, 인민법원은 법에 의거하여 지불명령을 내려야 한다.

제31조 고용회사는 규정된 노동양의 기준을 엄격하게 집행해야 하며, 노동자에게 초과근무를 강요하거나 형태를 달리해서 강요해서는 안 된다. 고용회사가 초과근무를 시킬 경우, 국가 유관규정에 따라 노동자에게 초과 근무수당을 지불해야 한다.

제32조 노동자가 고용회사의 관리인원이 규칙을 위반하여 지시하거나, 또는 위험한 작업을 강제적으로 명령하는 것에 대해 거부한 경우, 노동계약 위반으로 간주하지 않는다.

노동자는 생명안전과 신체건강에 위해가 되는 노동조건에 대해 고용회사에게 문제를 지적하고, 검거 및 고발할 권한이 있다.

제33조 고용회사의 명칭, 법정대표인, 주요 책임자 또는 투자자 등의 사항이 변경되어도 노동계약의 이행에는 영향을 미치지 않는다.

제34조 고용회사에 합병 또는 분할 등 상황이 발생한 경우, 원 노동계약은 계속 유효하며, 노동계약은 그 권리 및 의무를 승계한 고용회사가 계속 이행한다.

제35조 고용회사와 노동자는 협상을 통해 노동계약에 약정된 내용을 변경할 수 있다. 노동계약의 변경시에는 응당히 서면형식을 취한다.

변경 후의 노동계약 원본은 고용회사와 노동자가 각각 1부씩 보관한다.

제4장 노동계약의 해제 및 종료

제36조 고용회사와 노동자는 협상 일치를 통해 노동계약을 해제할 수 있다.

제37조 노동자는 30일 전에 서면형식으로 고용회사에 통지한 후 노동계약을 해제할 수 있다. 시용기간 내의 노동자는 3일 전에 고용회사에게 통지하고 노동계약을 해제할 수 있다.

제38조 고용회사가 하기 상황 중 하나에 해당할 경우, 노동자는 노동계약을 해제할 수 있다.

① 노동계약 약정에 부합하는 노동보호와 노동조건을 제공하지 않는 경우

② 노동보수 전액을 적시에 지급하지 않은 경우

③ 노동자를 위해 법에 의거된 사회보험료를 납부하지 않은 경우

④ 고용회사의 사내규칙이 법률, 법규규정을 위반하여 노동자의 권

익에 손해를 끼친 경우

⑤ 본법 제26조 제1항 규정으로 인하여 노동계약이 무효가 되는 경우

⑥ 법률, 행정법규에 노동자가 노동계약을 해제할 수 있도록 규정된 기타 상황

고용회사가 폭력, 위협 또는 불법적으로 인신자유를 제한하는 방법으로 노동자에게 노동을 강요하거나, 또는 고용회사가 규칙을 위반하여 지시하고, 노동자의 인신안전을 위태롭게 하는 위험한 작업을 강제로 시키는 경우, 노동자는 즉시 노동계약을 해제할 수 있으며, 고용회사에게 사전통지할 필요가 없다.

第39조 노동자가 하기 상황 중 하나에 해당하는 경우, 고용회사는 노동계약을 해제할 수 있다.

① 시용기간 중에 채용조건에 부합하지 않는다고 증명된 경우

② 고용회사의 사내규칙을 심각하게 위반한 경우

③ 중대한 업무상 과실, 또는 개인적인 이익추구를 위한 부정행위로 인해 고용회사에 중대한 손해를 입힌 경우

④ 노동자가 다른 고용회사와 동시에 노동관계를 맺음으로써, 본 고용회사의 작업임무 완수에 심각한 영향을 초래하거나, 또는 고용회사가 지적을 했음에도 불구하고 시정을 거부하는 경우

⑤ 본법 제26조 제1조목 제1항에 규정된 상황에 따라 노동계약이 무효가 되는 경우

⑥ 법에 의하여 형사책임을 추궁 받게 되는 경우

第40조 하기 상황 중 하나에 해당하는 경우, 고용회사는 30일 전에 서면형식으로 노동자 본인에게 통보하거나, 또는 노동자에게 1개월의 추가급여를 지급한 후에, 노동계약을 해제할 수 있다.

① 노동자가 질병 또는 비산재 부상으로 인해, 규정된 의료기간 만료 후에도 여전히 원래 업무에 종사할 수 없고, 또한 고용회사가 안배해 준 기타 업무에도 종사할 수 없을 경우

② 노동자가 업무수행이 불가능하고, 연수훈련 또는 업무조정을 실시한 후에도 여전히 업무를 수행할 수 없는 경우

③ 노동계약 체결시에 의거했던 객관적인 상황에 중대한 변화가 발생하여, 노동계약을 이행할 수 없게 되었고, 이에 고용회사와 노동자가 협의하였음에도 불구하고, 변경된 노동계약 내용에 대해 합의하지 못한 경우

제41조 다음과 같은 상황 중 하나로, 20인 이상 감원 또는 감원 인원이 20인 이하이지만 직공 총수의 10% 이상에 해당 되는 경우, 고용회사는 30일 전에 노동조합 또는 전체직공에게 상황을 설명하고, 노동조합 또는 직공의 의견을 청취한 후에, 인원감원방안을 노동행정부문에 보고하고 감원할 수 있다.

① 기업파산법 규정에 의거하여 기업재생이 진행되는 경우

② 생산경영에 심각한 어려움이 발생한 경우

③ 기업의 생산전환, 중대한 기술혁신 또는 경영방식의 조정에 따라, 노동계약을 변경한 후에도, 여전히 인력감원을 해야 할 경우

④ 기타 노동계약 체결시 의거한 객관적인 경제상황에 중대한 변화가 발생함으로 인하여, 노동계약을 이행할 수 없는 경우

인력감원시에는, 하기 노동자들을 우선적으로 잔류시켜야 한다.

1. 본 고용회사와 비교적 장기간의 고정기한 노동계약을 체결한 자
2. 본 고용회사와 무고정기한 노동계약을 체결한 자
3. 가정 내에 기타 취업인원이 없거나, 부양해야 할 노인 또는 미성년자가 있는 자

고용회사가 본 조 제1항 규정에 의거하여 감원하고, 6개월 이내에 다시 인력을 채용할 경우, 응당히 감원되었던 인원에게 통지해야 하며, 또한 동등조건 하에서는 감원된 인력을 우선 고용해야 한다.

제42조 노동자가 다음 상황 중 하나에 해당하는 경우, 고용회사는 본 법의 제40조, 제41조의 규정에 따라 노동계약을 해제할 수 없다.

① 직업병의 위험이 있는 작업에 종사하는 노동자로서 이직 전 직업 건강검진을 받지 않았거나, 또는 직업병 환자로 의심되는 환자로서 진단 또는 의학 관찰기간 중에 있는 자

② 본 고용회사에서 직업병을 얻게 되었거나 또는 산업재해로 인해 노동능력을 상실 또는 일부 상실한 것으로 확인된 경우

③ 질병 또는 비산업재해로 인한 부상으로 인해, 규정된 의료기간 내에 있을 경우

④ 임신기, 출산기, 수유기에 있는 여직공

⑤ 본 고용업체에서의 연속 근무기간이 만 15년 이상이고, 또한 법정 퇴직연령까지 5년 미만인 경우

⑥ 법률, 행정 법규에 규정되어 있는 기타 상황

제43조 고용회사가 일방적으로 노동계약을 해지할 경우, 응당히 사전에 노동조합에 그 이유를 통보해야 한다. 고용회사가 법률, 행정법규 규정 또는 노동계약의 약정을 위반한 경우, 노동조합은 고용회사에게 시정을 요구할 권리가 있다. 고용회사는 노동조합의 의견을 검토하고, 그 처리결과를 서면으로 노동조합에 통지해야 한다.

제44조 다음 상황 중 하나에 해당하는 경우, 노동계약을 종료한다.

① 노동계약 기간이 만료된 경우

② 노동자가 법에 의거하여 기본 양로보험 대우를 받기 시작한 경우

③ 노동자가 사망, 또는 인민법원에 의해 사망 또는 실종선고가 내려진 경우

④ 고용회사가 법에 의거 파산을 선고 받은 경우

⑤ 고용회사의 영업허가증이 취소되거나, 폐쇄 또는 영업철수를 명령 받거나, 또는 고용회사가 사전해산을 결정한 경우

⑥ 법률, 행정법규에 규정된 기타 상황

第45조 노동계약이 만료되었으나, 본 법 제42조에 규정한 상황 중 하나에 해당될 경우, 노동계약은 응당히 상응하는 상황이 소실될 때까지 연기되어야 한다. 단, 본법 제42조 제2항에 규정된 노동능력을 상실 또는 일부 노동능력을 상실한 노동자의 노동계약 종료는, 산재보험과 관련된 국가의 유관규정에 따라 집행한다.

第46조 다음 상황 중 하나에 해당하는 경우, 고용회사는 노동자에게 경제보상금을 지불하여야 한다.

① 노동자가 본 법 제38조 규정에 의거하여 노동계약을 해제하는 경우

② 고용회사가 본 법 제36조 규정에 의거하여 노동자에게 노동계약 해제를 제의하고 노동자와 협상일치를 통해 노동계약을 해제하는 경우

③ 고용회사가 본 법 제40조 규정에 의거하여 노동계약을 해제하는 경우

④ 고용회사가 본 법 제41조 제1항 규정에 의거하여 노동계약을 해제하는 경우

⑤ 고용회사가 노동계약 약정조건을 유지 또는 제고하여 갱신하려 함에도 불구하고, 노동자가 계약갱신에 동의하지 않는 경우를 제외하고, 본 법 제44조 제1항 규정에 의거하여 고정기한 노동계약을 종료하는 경우

⑥ 본법 제44조 제4항, 제5항 규정에 의거하여 노동계약을 종료하는 경우

⑦ 법률, 행정법규에 규정된 기타 상황

제47조 경제보상금은 고용자가 본 고용회사에서의 근무연한에 근거하며, 만 1년마다 1개월 분의 급여를 기준으로 노동자에게 지불한다. 6개월 이상 1년 미만의 경우에는 1년으로 계산하고, 6개월 미만의 경우에는, 노동자에게 1개월 분 급여의 반을 경제보상금으로 지불한다.

노동자의 월급여가 고용회사가 소재한 직할시, 구의 시급인민정부가 공포한 해당지역의 전년도 직공월평균급여의 3배보다 높은 경우, 노동자에게 지불되는 경제보상금은 직공월평균급여의 3배를 기준으로 한다. 노동자에게 지급되는 경제보상금의 지급 연한은 최고 12년을 초과하지 않는다.

본 조에서 지칭하는 월급여는 노동자가 노동계약 해제 또는 종료 전 12개월의 평균급여를 의미한다.

제48조 고용회사가 본 법규정을 위반하여 노동계약을 해제 또는 종료하려고 할 때, 노동자가 노동계약의 지속적인 이행을 요구하는 경우, 고용회사는 응당히 계속하여 이행하여야 한다. 노동자가 노동계약의 계속 이행을 요구하지 않거나 또는 이미 노동계약의 계속 이행이 불가능한 경우, 고용회사는 본법 제87조 규정에 의거하여 배상금을 지불해야 한다.

제49조 국가는 노동자의 기본 사회보험이 타 지역으로도 이전되어 지속될 수 있도록 적절한 방법을 강구하여야 한다.

제50조 고용회사는 노동계약의 해제 또는 종료시에 응당히 노동계약의 해제 또는 종료증명서를 발급해야 하며, 또한 15일 이내에 노동자

를 위해 인사서류 및 사회보험의 이전수속을 처리해야 한다.

노동자는 쌍방의 약정에 따라 업무 인수인계를 해야 한다. 고용회사가 본법 관련규정에 의거하여 노동자에게 경제보상금을 지급해야 할 경우, 업무 인수인계 완료 시에 노동자에게 지불해야 한다.

고용회사는 이미 해제 또는 종료된 노동계약서 원본을 최소 2년 동안 보존하여 검사에 대비해야 한다.

제5 장 특별 규정

제1절 집단 계약

第51조 기업직공 측은 고용회사와의 평등한 협상을 통해, 노동보수, 근무시간, 휴식 · 휴가, 노동안전위생 및 보험복리 등의 사항에 대해 집단계약을 체결할 수 있다. 집단계약초안은 직공대표대회 또는 전체직공에게 제출하여 토론을 통해 통과되어야 한다.

집단계약은 노동조합이 기업직공 측을 대표하여 고용회사와 체결한다. 노동조합이 설립되지 않은 기업은 상급 노동조합의 지도하에 노동자들이 추천한 대표가 고용회사와 체결한다.

第52조 기업직공은 고용회사와 노동안전위생, 여직공의 권익보호, 임금조정체계 등의 전문적인 항목에 대해 집단계약을 체결할 수 있다.

第53조 현급 이하의 구역 내에서 건축업, 채광업, 음식서비스업 등의 업계는 노동조합과 기업측 대표가 업종별 집단계약, 또는 지역별 집단계약을 체결할 수 있다.

第54조 집단계약이 체결된 후에는 응당히 노동행정부문에 송부해야 한다. 노동행정부문이 집단계약 문건을 접수 후 15일 이내에 이의를 제기하지 않을 경우, 집단계약은 효력이 발생한다.

법에 의거하여 체결된 집단계약은 고용회사와 노동자에게 구속력을 갖는다. 업종별, 구역별 집단계약은 해당 지역의 해당 업종, 해당 지역의 고용회사와 노동자에 대해 구속력을 갖는다.

第55조 집단계약 중 노동조건 및 노동보수 등의 표준은 해당지역 인민정부가 규정한 최저표준보다 낮아서는 안 된다. 고용회사와 노동자가 체결한 노동계약 중 노동보수 및 노동조건 등의 표준은 집단계약 표준보다 낮아서는 안 된다.

第56조 고용회사가 집단계약을 위반하여, 직공의 노동권익을 침범하였을 경우, 노동조합은 법에 의거하여 고용회사에게 책임을 지도록 요구할 수 있다. 집단계약의 이행으로 인하여 쟁의가 발생하고, 협상을 통해 해결이 되지 않는 경우, 노동조합은 법에 의거하여 중재신청, 소송을 제기할 수 있다.

제2절 노무파견

第57조 노무파견회사는 회사법의 유관규정에 의해 설립되어야 하며, 등록자본금이 50만 위안 미만이어서는 안 된다.

第58조 노무파견회사는 본 법에서 칭하는 고용회사로, 고용회사는 노동자에 대한 의무를 이행해야 한다. 노무파견회사와 파견노동자가 체결하는 노동계약서에는, 본법 17조에 규정된 사항을 기재하는 것 이외에, 노무파견노동자의 고용회사 및 파견기한, 업무 직위 등의 상황을 추가로 기재하여야 한다.

노무파견회사는 파견노동자와 2년 이상의 고정기한 노동계약을 체결하고, 매월 노동보수를 지급해야 한다. 파견된 노동자가 업무가 없는 기간에 대해서는, 고용회사는 해당 지역 인민정부가 규정한 최저임금표준에 따라 파견노동자에게 매월 보수를 지급해야 한다.

제59조 노무파견회사가 노동자를 파견할 때에는 노무파견형식으로 노동자를 사용하는 회사(이하' 고용회사' 로 칭함)와 노무파견 협의서를 체결해야 한다. 노무파견협의서는 업무와 인원수, 파견기한, 노동보수 및 사회 보험금의 금액과 지불방식, 및 협의서 위반 시의 책임 등을 약정해야 한다.

고용회사는 업무의 실제 필요에 근거하여 노무파견회사와 파견기한을 확정해야 하며, 연속적인 고용기간을 여러 개의 단기 노무파견 협의서로 분할하여 체결해서는 안 된다.

제60조 노무파견회사는 응당히 노무파견협의서의 내용을 파견노동자에게 고지해야 한 다.

노무파견회사는 고용회사가 노무파견협의서에 따라 파견노동자에게 지불한 노동보수를 가로채서는 안 된다.

노무파견회사와 고용회사는 파견노동자로부터 비용을 수취해서는 안 된다.

제61조 노무파견회사가 다른 지역에 노동자를 파견할 경우, 파견노동자가 향유하는 노동보수와 노동조건은 고용회사 소재지의 표준에 따라 집행한다.

제62조 고용회사는 다음과 같은 의무를 이행해야 한다.

① 국가의 노동기준을 집행하고, 상응하는 노동조건과 노동보호를 제공한다.

② 파견노동자에게 업무의 요구사항과 노동보수를 고지한다.

③ 초과근무수당, 성과급을 지불하고, 업무와 상관된 복리대우를 제공한다.

④ 재직하고 있는 파견노동자에 대해 업무에 필수적인 연수훈련을

실시한다.

⑤ 계속하여 고용하는 경우, 정상적인 임금조정체계를 실시한다.

고용회사는 파견된 노동자를 다른 고용회사에 재파견해서는 안 된다.

제63조 파견된 노동자는 고용회사의 노동자와 "동일노동동일보수"의 권리를 향유한다. 고용회사 내에 동일한 종류의 업무가 없을 경우, 고용회사 소재지의 동일업무 또는 유사업무 노동자의 노동보수를 참조하여 확정한다.

제64조 파견된 노동자는 법에 의거하여 노무파견회사 또는 고용회사의 노조에 참가 또는 조직하여, 자신의 합법적인 권익을 보호할 수 있다.

제65조 파견된 노동자는 본법 제39조, 제38조 규정에 의거하여 노무파견회사와 노동계약을 해제할 수 있다.

파견된 노동자가 본 법 제39조 및 제40조 제1항, 제2항 규정에 해당하는 경우, 고용회사는 노동자를 노무파견회사로 돌려보낼 수 있으며, 노무파견회사는 본 법 관련규정에 의거하여 노동자와 노동계약을 해제할 수 있다.

제66조 노무파견은 일반적으로 임시성, 보조성, 또는 대체성 업무에서 실시되어야 한다.

제67조 고용회사는 노무파견회사를 설립하여, 본 고용회사 또는 소속 회사에 노동자를 파견해서는 안 된다.

제3절 비 전일제 고용

제68조 비 전일제 고용이란, 시간급 보수계산을 위주로 하는 것을 말하며, 노동자의 동일한 고용회사에서의 근무 시간이 일반적으로 평

균 매일 4시간을 초과하지 않고, 매주 누계 근무 시간이 24시간을 초과하지 않는 고용형식을 말한다.

제69조 비 전일제 고용에 대해 쌍방 당사자는 구두로 협의를 체결할 수 있다.

비 전일제 업무에 종사하는 노동자는 하나 또는 하나 이상의 고용회사와 노동계약을 체결할 수 있다. 단, 후에 체결한 노동계약이 앞에 체결한 노동계약의 이행에 영향을 주어서는 안 된다.

제70조 비 전일제고용 쌍방 당사자는 시용기간을 약정할 수 없다.

제71조 비 전일제고용 쌍방 당사자는 언제든지 상대방에게 고용종료를 통지할 수 있다. 고용 종료 시, 고용회사는 노동자에게 경제보상을 하지 않는다

제72조 비 전일제 고용의 시급은 고용회사 소재지 인민정부가 규정하는 최저 시급 보다 낮아서는 안 된다.

비전일제 고용 노동보수에 대한 결제주기는 최장 15일을 초과해서는 안 된다.

제6 장 감독 검사

제73조 국무원 노동행정부문은 전국의 노동계약제도 실시의 감독관리를 책임진다.

현급 이상의 지방인민정부 노동행정부문은 해당 행정구역 내의 노동계약제도 실시의 감독관리를 책임진다.

현급 이상의 각급 지방인민정부 노동행정부문은 노동계약제도 실시의 감독관리업무에 있어 노동조합과 고용회사의 대표 및 유관 업종

주관부문의 의견을 청취해야 한다.

第74조 현급 이상의 지방인민정부 노동행정부문은 법에 의거하여 다음과 같은 노동계약 제도 실시 상황에 대한 감독 검사를 진행해야 한다.

① 고용회사가 노동자의 실제적 이익에 직접 관계되는 사내규칙제도를 제정하거나 이를 집행하는 상황

② 고용회사와 노동자가 노동계약을 체결 또는 해제하는 상황

③ 노무파견회사 및 고용회사의 노무파견 유관규정에 대한 준수 상황

④ 노동자의 근무시간 및 휴식 · 휴가에 관한 국가 규정에 대한 고용회사의 준수 상황

⑤ 고용회사의 노동계약에 약정된 노동보수지급 및 최저 임금기준에 대한 실시상황

⑥ 고용회사의 각종 사회보험 가입 및 사회 보험료 납부에 대한 상황

⑦ 법률, 법규에 규정된 기타 노동감찰 사항

第75조 현급 이상의 지방 인민정부 노동행정 부문은 감독검사 실시시, 노동계약 및 집단계약과 유관한 자료를 열람할 권리가 있으며, 노동장소에 대한 실지검사를 진행할 수 있는 권리가 있다. 고용회사와 노동자는 유관상황 및 자료를 사실대로 제공해야 한다.

第76조 현급 이상 인민정부의 건설, 위생, 안전생산감독관리 등 유관주관부문은 각자의 직책 범위 내에서, 고용회사의 노동계약 제도의 집행 상황에 대해 관리감독한다.

第77조 노동자는 합법적 권익에 침해를 받았을 경우, 유관부문에게 법에 따른 처리를 요구하거나, 또는 중재 신청 및 소송을 제기할 권리가 있다.

第78조 노동조합은 법에 의거하여 노동자의 합법적인 권익을 보호하

고, 고용회사의 노동계약, 집단계약의 이행 상황에 대해 감독을 진행한다. 고용회사가 노동법률, 법규 및 노동계약, 집단계약을 위반한 경우, 노동조합은 의견을 제출하거나 수정을 요구할 권리가 있다. 노동자가 중재를 신청하거나 소송을 제기할 경우, 노동조합은 법에 의거하여 지지 및 도움을 주어야 한다.

제79조 어떠한 조직이나 개인도 본 법의 위반행위에 대하여 고발할 권리가 있으며, 현급 이상의 인민정부 노동행정부문은 곧바로 이를 확인, 처리하여야 하고, 또한 고발 유공자에 대해서는 장려를 해야 한다.

제7장 법률 책임

제80조 노동자의 밀접한 이익에 직접적으로 관련되는 고용회사의 사내 규칙이 법률, 법규규정에 위반되는 경우, 노동행정부문에 의해 개정을 명령 받고 경고를 받게 된다. 노동자에게 손해를 입힌 경우에는 응당히 배상책임을 져야 한다.

제81조 고용회사가 제공한 노동계약 문건에 본 법이 규정하고 있는 노동계약의 필수 조건이 기재되어 있지 않았거나, 고용회사가 노동계약 문건을 노동자에게 교부하지 않았을 경우, 노동행정부문에 의해 개정을 명령 받게 된다. 노동자에게 손해를 입힌 경우, 응당히 배상책임을 져야 한다.

제82조 고용회사가 고용일로부터 1개월 이상 1년 이내에 노동자와 서면 노동계약을 체결하지 않은 경우, 노동자에게 매월 2배의 임금을 지불해야 한다

고용회사가 본 법의 규정을 위반하고 노동자와 무고정기한 노동계약을 체결하지 않은 경우, 무고정기한 노동계약을 체결하는 그날부터 노동자에게 매월 2배의 임금을 지불해야 한다.

第83조 고용회사가 본 법의 규정을 위반하고 노동자와 시용기간을 약정한 경우에는 노동행정부문으로부터 개정명령을 받게 된다. 위법으로 약정된 시용기간이 이미 이행된 경우, 고용회사는 노동자의 정상 월급여를 기준으로 하여, 법정 시용시간을 초과하여 이미 시행된 시용기간에 대해 노동자에게 배상금을 지급해야 한다.

第84조 고용회사가 본 법 규정을 위반하고, 노동자의 주민신분증 등 증명문건을 압류한 경우, 노동행정부문에 의해 노동자 본인에 대한 기한부 반환을 명령 받게 되며, 또한 유관법률규정에 의거하여 처벌 받게 된다.

고용회사가 본 법의 규정을 위반하고, 담보 또는 기타 명의로 노동자로부터 재물을 수취한 경우, 노동행정부문으로부터 노동자 본인에 대한 기한부 반환 명령을 받게 되며, 또한 일인당 500위안 이상, 2,000위안 이하의 표준으로 벌금을 부과 받게 된다. 노동자에게 손해를 입힌 경우, 고용회사는 배상책임을 져야 한다.

노동자가 법에 의거하여 노동계약을 해제 또는 종료시, 고용회사가 노동자의 인사서류 또는 기타 물품을 압류하였을 경우, 전항의 규정에 따라 처벌된다.

第85조 고용회사가 다음 상황 중 하나에 해당하는 경우, 노동행정부문으로부터 노동보수, 초과근무수당 또는 경제보상에 대한 기한부 지급명령을 받게 된다. 노동보수가 해당지역의 최저임금기준 보다 낮은 경우, 응당히 그 차액부분을 지불해야 한다. 지불 기한이 초과된 경우, 고용회사는 노동자에 대해 지불금액의 50% 이상 100% 이하 기준의 배상금을 추가하여 지불하라는 명령을 받게 된다.

① 노동계약의 약정 또는 국가 규정을 따르지 않고 노동자에게 노동보수를 규정된 시기에 전액 지불하지 않은 경우.

② 해당지역 최저임금기준 보다 낮게 노동자에게 급여를 지불한 경우.

③ 초과근무를 시키고 초과근무수당을 지불하지 않은 경우

④ 노동계약의 해제 또는 종료시, 본 법의 규정에 따라 노동자에게 경제보상금을 지불하지 않은 경우

第86조 본법 제26조 규정에 의거하여 노동계약이 무효로 확인되고, 상대방에게 손해를 입힌 경우, 과실이 있는 측은 응당히 배상책임을 져야 한다.

第87조 고용회사가 본법규정을 위반하고 노동계약을 해제 또는 종료한 경우, 본법 제47조에 규정한 경제보상표준의 2배를 노동자에게 배상금으로 지불해야 한다.

第88조 고용회사가 다음 상황 중 하나에 해당하는 경우, 법에 따라 행정처벌을 받게 된다. 범죄를 구성하는 경우에는 법에 따라 형사책임이 추궁되며, 노동자에게 손해를 입힌 경우에는 배상책임을 져야 한다.

① 폭력, 협박 또는 불법적 수단으로 인신자유를 제한하여 노동을 강요하였을 경우

② 규칙을 위반하여 지시를 하거나, 또는 강제로 위험한 작업을 시켜 노동자의 인신안전을 위협한 경우

③ 노동자에 대해 모욕, 체벌, 구타, 불법 조사 또는 구금을 하였을 경우

④ 열악한 노동조건, 심각한 환경오염으로 노동자의 심신건강에 심각한 손해를 입힌 경우

제89조 고용회사가 본 법의 규정을 위반하고 노동자에게 노동계약의 종료 또는 해제 관련 서면증명을 제공하지 않은 경우, 노동행정부문으로부터 시정 명령을 받게 되고, 노동자에게 손해를 입혔을 경우에는 배상책임을 져야 한다.

제90조 노동자가 본 법의 규정을 위반하여 노동계약을 해제하거나, 또는 노동계약에 약정된 비밀유지 의무 또는 경업제한 규정을 위반하여 고용회사에게 손실을 입힌 경우, 응당히 배상책임을 져야 한다.

제91조 고용회사가 다른 고용회사와 체결한 노동계약이 미해제 또는 미종료된 노동자를 고용하므로 인하여, 다른 고용회사에게 손실을 초래한 경우, 응당히 연대 배상책임을 져야 한다.

제92조 노무파견회사가 본 법의 규정을 위반하게 될 경우, 노동행정부문 및 기타 유관 주관부문으로부터 시정 명령을 받게 된다. 사안이 심각할 경우, 일인당 1천 위안 이상 5천 위안 이하의 벌금을 부과 받고, 또한 공상행정관리부문으로부터 영업허가를 취소당하게 된다. 파견된 노동자에게 손해를 입힌 부분에 대해서는, 노무파견회사와 고용회사가 연대 배상책임을 져야 한다.

제93조 합법적인 경영자격을 구비하지 않은 고용회사의 위법적인 범죄행위에 대해서는, 법에 의거하여 법률책임이 추궁된다. 노동자가 이미 제공한 노동력에 대해서는, 해당 고용회사 또는 그 출자인이 본 법의 유관규정에 따라 노동자에게 노동보수, 경제보상금, 배상금을 지불해야 한다. 노동자에게 손해를 입힌 경우에는 응당히 배상책임을 져야 한다.

제94조 개인하도급 경영자가 본 법의 규정을 위반하여 노동자를 고용하고, 노동자에게 손해를 입혔을 경우, 도급을 발주한 조직과 개인하도급 경영자는 연대 배상책임을 져야 한다.

제95조 노동행정부문과 기타 유관 주관부문 및 그 근무자가 직무를 소홀히 하고, 법정 직책을 이행하지 않거나, 또는 위법적인 직권행사를 하여 노동자 또는 고용회사에게 손해를 입힌 경우, 응당히 배상책임을 져야 한다. 직접적인 책임이 있는 주관인원 및 기타 직접적인 책임인원에 대해서는 법에 의거하여 행정처분을 한다. 범죄가 구성되는 경우에는 법에 따라 형사책임을 추궁한다.

제8장 부 칙

제96조 고용회사와 고용을 원하는 업무인력 간의 노동계약의 체결, 이행, 변경, 해제 또는 종료는, 법률, 행정법규 또는 국무원의 특별규정이 있는 경우 그 규정에 따른다. 규정이 없는 경우, 본법 유관규정에 의거하여 집행한다.

제97조 본 법 시행 전에 이미 법에 의거하여 체결되고 또한 본 법 시행일에도 존속하고 있는 노동계약은 계속 이행한다. 본 법 제14조 제2조목 제3항에 규정된 고정기한 노동계약의 연속 체결 회수는, 본 법 시행 후에 연속 체결되는 고정기한 노동계약부터 계산한다.

본 법 시행 전에 노동관계가 이미 성립되었으나 서면노동계약이 체결되지 않은 경우, 응당 본 법 시행일로부터 1개월 이내에 체결해야 한다.

본 법 시행일에 존속되는 노동계약이 본 법 시행 후에 해제 또는 종료되어, 본 법 제46조 규정에 따라 경제보상금을 지불해야 하는 경우, 경제보상연한은 본 법의 시행일로부터 계산한다. 본 법 시행 이전의 것으로 그 당시 유관규정에 따라 고용회사가 노동자에게 경제보상금을 지불해야 하는 경우에는, 그 당시 유관규정에 따라 집행한다.

제98조 본 법은 2008년 1월 1일부터 시행한다.

참고 자료 및 자료 출처

1. "现代汉语概论" – 北京语言大学出版社, 主编 陈阿宝, 副主编 吴中伟
2. "中国统计年鉴2005" – 中国国家统计局
3. 2005年全国1%人口抽样凋查主要数据公报 – 中国国家统计局
4. "中国历史"八年级下册, 人民教育出版社
5. 中国概况- 中国国际战略研究网
6. 中国民族概况 – 2006年3月10日, 国家民委网站
7. 延边州情简介 – 中国延边网站
8. 中国的少数民族 – 人民网
9. 我国经济体制改革的历史与成就 – 2001年9月28日, 中国宏观经济信息网, 赵智生
10. 聚焦26年后中国改革：从经济改革到综合改革 – 2006年6月9日, 21世纪经济报道
11. 从改革开放走向开放变革 – 改革论坛
12. "中国改革开放史" – 中共中央党史研究室第三研究部, 辽宁人民出版社
13. 改革开放初期的成就 – 2003年10月11日, 南方网综合
14. 论伟大的历史转折与改革开放 – 2004年6月29日, 光明日报
15. 入世后, 经济特区向何处去 – 2003年8月30日, 深圳时尚网
16. 2006年长江三角洲和珠江三角洲经济发展比较研究 – 国家统计局国际中心, 杨京英, 郑泽香, 任晓燕
17. 长江三角洲经济区概况 – 2005年1月26日, 新浪财经
18. 天津滨海新区有望成为我国经济增长第三极 – 2005年11月6日, 新华网
19. 天津滨海新区获批改革试验区 解读四大关键词 – 2006年6月12日, 新京报
20. 天津滨海新区开发决策始末 – 2006年6月9日, 瞭望东方周刊

21. 环渤海经济概况－2005年1月26日, 新华网

22. 环渤海经济区简介－2004年5月27日, 新华网

23. "挑大学 选专业－2006高考志愿填报指南"－中国统计出版社

24. 2005年中国区域经營力报告－新浪网

25. 权威报告：中国大陆, 划分八大社会经济区域－2003年4月2日, 上海政卷報

26. 中国城市榜－中国国际战略研究网

27. "2005年中国城市竞争力报告"－2005年4月21日, 中国网

28. 上海2005年经济运行状况评估2006年经济形势分析－上海政协经济委员会课题组

29. 西部大开发－2002年9月14日, 人民网

30. 西部大开发－2006年7月25日, 新华网

31. 2005年西部地区经济发展情况－国务院西部地区开发领导小组办公室

32. 西安历史－2006年2月17日, 西安新闻网

33. 四川省2005年国民经济和社会发展统计公报－四川省统计局四川凋查总队

34. 2006年上半年四川省经济走势分析－2006年7月21日, 四川日报

35. 重庆概况－重庆政府网站

36. 春城昆明成中国"后花园"－2007年1月5日, 云南省信息中心

37. 중화인민공화국 국가통계국 사이트 www.stats.gov.cn

38. 중화인민공화국 중앙인민정부 사이트 www.gov.cn

39. 상해시 정부 사이트 www.shanghai.gov.cn

40. 중국국제전략연구 사이트 www.chinaiiss.org

41. 中国气象科学数据共享服务网 cdc.cma.gov.cn

42. 人民网 www.people.com.cn

43. 중국연변정부사이트 www.yanbian.gov.cn

44. 行政区划网 www.xzgh.org.

45. 中国行政区划网 www.xzgh.org.cn

46. 中国改革开放论坛 www.crf.org.cn

47. 滨海新区网 www.bh.gov.cn

48. 中国经济信息网 www.cei.gov.cn

49. 地方经济－新浪财经 finance.sina.com.cn

50. 中国网上博览会－西部开发馆 www.efair.gov.cn

51. 中国人口信息网 www.cpirc.org.cn

52. 上海经济信息网 www.sheinet.com

중국에서 살아남기

2008년 1월 5일 초판 인쇄
2008년 1월 10일 초판 발행

지은이_ 조봉심

편낸이_ 주병오

펴낸곳_ 지구문화사 JIGU PUBLISHING Co.

주소_ 경기도 파주시 교하읍 문발리
파주출판문화정보산업단지 518-2
전화_ 영업관리팀 (031) 955-7566·7577
편집디자인팀 (031) 955-7731~3
팩스_ (031) 955-7730
홈페이지_ www.ji-gu.co.kr
전자우편_ jigupub@hanmail.net

등록_ 1979년 7월 13일 제 59 호

값 11,000 원

ISBN 978-89-7006-420-8